Wolfgang Knape
STOLBERG

Titelbild: Das ehemalige Fürstliche Konsistorium und heutige Heimatmuseum in der Niedergasse

Die Deutsche Bibliothek - CIP-Eintragung

Knape, Wolfgang
Stolberg : ein kurzweiliger Führer durch die "historische Europastadt" und in die Umgebung / Wolfgang Knape. [Es fotogr. Thorsten Schmidt]. - 2. überarb. Aufl., 6. - 10. Tsd. - Wernigerode : Schmidt, 2001
  (Touristen-Reihe)
  ISBN 3-928977-34-2

Es fotografierte Thorsten Schmidt

© des Stadtplans sowie der Umgebungskarte by Schmidt-Buch-Verlag Wernigerode; Nachdruck oder Kopien jeglicher Art nur mit schriftlicher Genehmigung des Verlags.

Lektorat: Marion Schmidt

Alle Rechte vorbehalten
© 1995 by Schmidt-Buch-Verlag
Die Winde 45; 38855 Wernigerode; Tel: (0 39 43) 2 32 46 • Fax: (0 39 43) 4 50 10
E-Mail: info@schmidt-buch-verlag.de
2. überarbeitete Auflage 2001, 6. - 10. Tsd.
Satz, Gestaltung, Bildbearbeitung und Kartografie: Schmidt-Buch-Verlag, Wernigerode
Druck und Weiterverarbeitung: Graphisches Centrum Cuno, Calbe

Internet: www.schmidt-buch-verlag.de

ISBN 3-928977-34-2

Wolfgang Knape

Stolberg

Ein kurzweiliger Führer durch die "Historische Europastadt" und in die Umgebung

Schmidt-Buch-Verlag Wernigerode

Geschichtliches

Wer, so berichtet die Legende, vom Wasser jener Quelle trinkt, die am Berghang hinter den Rittergässer Häusern aus dem Felsen tritt, der wird nach Stolberg zurückkehren, koste es, was es wolle. Legenden, weiß man, enthalten immer ein paar Körnchen Wahrheit. Und daß es das Wasser vom Klingelbrunnen in sich haben muß, wer wollte das ernsthaft bestreiten angesichts der Reisenden, die es alljährlich so zahlreich in den Harz und nach Stolberg zieht.

Die in vier Tälern gelegene romantische Kleinstadt wird ihrer besonderen Lage und ihres durchgängigen Fachwerkcharakters wegen gern als die "Perle des Südharzes" empfohlen, obschon der Vergleich mit einer heiteren Königin auch nicht falsch wäre. Auf Heiratswillige wirkt die Stadt derart vertrauenserweckend, daß manche Paare große Strapazen auf sich nehmen, um in einem der kuriosesten Rathäuser Deutschlands die Kopulationsurkunde zu unterzeichnen. Einigen gefällt das alles sogar so gut, daß sie auch beim zweiten Mal unbedingt wieder in Stolberg heiraten wollen.

Angesichts einer solchen Stolberg-Begeisterung will man natürlich mehr erfahren über den Ort und über seine Anfänge. Dabei stößt man schon auf die nächste Legende, die an die thüringisch-fränkische Zeit und an einen römischen Ritter namens Otto de Columna erinnert, der auf dem "Alten Stolberg" bei Rottleberode einen schwarzen Hirsch gefangen und dem Kaiser Justinian zum Geschenk gemacht haben soll. Diese Geste muß den oströmischen Herrscher derart in Rührung versetzt haben, daß er dem Otto spontan "den ganzen Strich und Ort Landes, darauf der Hirsch gefangen, auf etliche Meileweges breit und lang" schenkte. Der Ritter wurde Graf und der schwarze Hirsch sein Wappentier - jedenfalls will es eine der Überlieferungen so.

Der Chronist Zeitfuchs hingegen gibt von einem Jäger Bericht, der anno 794 in ein Schachtloch gestürzt sein soll. Das ist schon ein brauchbarerer Ansatzpunkt, der zudem verrät, daß Stolbergs Ursprünge eng mit der bergbaulichen Tätigkeit verknüpft sind. Und da Bergleute auch in anderen Gegenden des Harzes schon vor der Jahrtausendwende am Werk waren, darf man getrost davon ausgehen, daß dem erwähnten Jäger das beschriebene Unglück in einem der ältesten deutschen Schächte ereilt haben muß.

Aktenkundig wird die Geschichte Stolbergs allerdings erst mit dem aus dem Hause Hohnstein stammenden Grafen Heinrich, der Herr zu Voigtstedt (bei Artern) war und seine Residenz in die Mitte der Waldgrafschaft Stolberg verlegte, als er das väterliche Erbe antrat. Um das Jahr 1200 herum begann er mit dem Bau seiner Burg. Von 1210 an nannte sich Heinrich Graf von Stalberg, was sich etymologisch von einem Stuhl, einem Sitz auf dem Berge herleiten ließe, ebenso aber auch auf das althochdeutsche "stahal" (fest und hart) oder auf "stollo" verweist. Letzteres stünde für Stütze und Pfosten und damit wohl auch für die Säule (columna), womit der sagenhafte Stammvater Otto de Columna ins Spiel gebracht wäre. Später wurde daraus Stahlberg und schließlich Stolberg. Und so ist es geblieben.

Die frühe Blütezeit der Stadt, die noch vor 1300 ihre Eigenständigkeit und als Wappen den schwarzen Hirsch vorm zinnenbekrönten Stadttor erhielt, war zugleich auch die

Hoch-Zeit des Bergbaus. Eisenerzhaltige Gesteine wurden abgebaut, Kupferschiefer und Schwerspat. Zudem wurde Silber gewonnen, mit dem sich nicht nur eigene Münzen prägen ließen. Bis heute erinnern Bezeichnungen wie Silberner Nagel, Silberbach oder Kupferstieg an diese Glanzzeit.

Ein auf der Hochfläche hinter dem Hainfeld gelegenes Dorf trug den Namen Schmiedehausen und war die Waffenschmiede der Harzgrafen; eine Siedlung bei Straßberg heißt noch heute Silberhütte.

Um 1400 nannten sich bereits zehn Stolberger Familien Reidemeister, was sie als Reite-Meister oder als Besitzer einer Stahlreite, in der das Erz aufbereitet wurde, auswies. Den Grafen lag viel an der Förderung des Bergbaus, hatten sie doch das Recht auf den Zehnten aus allen Erträgen. 1459 trat Heinrich der Ältere sogar als Teilhaber in die Stolberger "Reite-Genossenschaft" ein. Später erwirkte er beim Papst Sixtus IV. die Sonntagsarbeit im Bergbau, freilich mit dem unmißverständlichen Hinweis auf Spenden für Kirche und Gott. Auch die Bildung neuer Zünfte fiel in die Zeit. Die größte und einflußreichste war die Genossenschaft der Stahlschmiede. An Selbstbewußtsein mangelte es ihren Mitgliedern offensichtlich nicht, denn eine Mängelklage aus Lübeck wiesen sie 1455 mit der stolzen Bemerkung ab, "daß keine Ware so gut sei wie die Stolberger". Die Hanseaten mußten das schlucken und rührten sich danach nie wieder.

Die Regierungszeit von Heinrichs Sohn Botho III. (1511-1538) fiel mit Reformation und Bauernkrieg zusammen. Während die Stadt schon 1519 auf Luthers Seite trat, hielt Botho aus Treue zu seinem Kurfürsten am katholischen Glauben fest, behinderte aber nicht die Verbreitung der Lutherischen Lehre. Im Frühling 1520 begleitete er sogar seine ältesten Söhne nach Wittenberg. Erbgraf Wolfgang wurde hier später zum Rektor der Universität, sein Stolberger Erzieher Tilmann Platner zum Vize ernannt. Letztgenannter trat schließlich als Reformator der Stadt und der Grafschaft auf.

Es ist überhaupt bemerkenswert, wieviele hochgestellte Bürger und Persönlichkeiten aus der Grafschaft Martin Luther und die Reformation tatkräftig unterstützt haben. In Ilfeld wirkte mit Michael Neander ein bedeutender Humanist, Pädagoge und Verfasser lange geschätzter Lehrbücher. Der Rechtsexperte Schneidewind kam wie Platner aus Stolberg, wo der Rentmeister Wilhelm Raiffenstein in seinem Haus am Markt die Erneuerer um sich sammelte. Und alle waren natürlich mit Justus Jonas befreundet, dem Luther-Vertrauten aus Nordhausen.

Kein Wunder, daß der Reformator im Frühjahr 1525 und nur wenige Wochen vor der Entscheidungsschlacht des Bauernkrieges nach Stolberg kam, um auf Bitten seiner Freunde und des Grafenhauses in der Stadtkirche gegen die Müntzerschen zu predigen. Der dankbare Rat überreichte dem Gast drei Kannen Rheinwein und drei Stübchen Einbecker Bier. Und da ein Stübchen als übliches Trinkmaß 3,8 Liter faßte, läßt sich denken, daß der Abend mit Luther trotz der ernsten Zeichen im Lande ein sehr vergnüglicher gewesen sein muß.

Bewirkt hat Luthers Stolberger Engagement nichts. Zu groß war die Unzufriedenheit im Lande. Am 2. Mai 1525 zog ein großer Haufen bewaffneter Aufständischer auf die Residenz zu, riß die Verhaue am Schloßberg nieder und drang ins Schloß ein. Der regierende Graf unterschrieb die Forderung nach

Wiederherstellung der alten Freiheiten in der Grafschaft, und die Männer zogen wieder ab. Die gräfliche Zusage hielt freilich nur so lange, bis das Heer der Aufständischen zerschlagen und die Führer hingerichtet worden waren. Auch in Stolberg wurde über die Mitverschwörer Gericht gehalten, und eigens aus Nordhausen kam der Scharfrichter über den Berg.

Unter Botho III., der ein gefragter Ratgeber und Schlichter war, sowohl dem Kaiser Maximilian I. als auch Karl V. diente und bei Luthers Auftritt vor dem Reichstag zu Worms zugegen war, wurde die Grafschaft bedeutend erweitert. Waren nach dem Aussterben der Wernigeröder Grafen im fünfzehnten Jahrhundert schon deren Besitzungen hinzugekommen, wurde die Herrschaft jetzt noch durch die Heirat mit der Erbtochter Anna von Königstein erheblich vergrößert. Ein neues Wappen mußte her, um auch Königstein, Rochefort, Eppstein, Münzenberg, Breuberg und Agimont unterzubringen. "Vom Harz bis an den Rhein - ist mein!" soll Graf Botho überglücklich ausgerufen haben. Kein Wunder, daß er später den Beinamen "der Glückselige" erhielt. Manches von dem Dazugewonnenen ging wieder verloren. 1645 wurde zudem eine Teilung der Grafschaft in die Linien Stolberg-Stolberg und Stolberg-Wernigerode vorgenommen. 1706 bekamen die Stolberger Grafen die Erlaubnis zu einer zweiten Teilung. Es entstand die Linie Stolberg-Roßla. Während der französischen Revolution verloren die Stolberger alle Besitzungen in Frankreich.

Auch von sächsischer Seite her hat es nicht an Versuchen gefehlt, die alten Rechte der Stolberger immer mal wieder zu beschneiden. Einmal nahmen sogar ziemlich ungehobelte, sächselnde Dragoner im Schloß Quartier, um dem Grafen mit sanftem Druck die Abhängigkeitsverhältnisse zu verdeutlichen.

Gleichzeitig mehrten sich auch die Verluste im Bergbau. Alte Gruben mußten aufgegeben werden, neue brachten zumeist nur mäßigen Gewinn. In diesen schwierigen Zeiten warb ein umsichtiger Bürgermeister Weber aus Süddeutschland an und initiierte ein Umschulungsprogramm für arbeitslose Bergleute. Schon bald hatten die Stolberger Lein- und Zeugweber die Zunft der Stahlschmiede an Größe und Einfluß überflügelt. "Gott segne die stolbergischen Bergwerke" stand noch auf den Ausbeutetalern, die die Stolberger Münze verließen. Aber in den Ohren der Zeitgenossen dürfte das schon wie ein Hilferuf geklungen haben. Erholt hat sich das Montanwesen in der Grafschaft nie wieder so richtig. 1796 wurde die letzte Stolberger Silbermünze geprägt, der letzte Kupferpfennig 1801. Da hatten die Stolberger noch vierzehn sächsische Jahre vor sich. Nach Napoleons Niederlage verlor das mit dem Korsen verbündete Sachsen auf dem Wiener Kongreß von 1815 fast zwei Drittel seines Territoriums an Preußen, darunter auch die Harzgrafschaft Stolberg. Waren die Schloßbewohner in der Vergangenheit auch nicht immer gut auf den Landesherren an der Elbe zu sprechen gewesen, gegen einen Preußen hätten sie ihn nie und nimmer eintauschen wollen. Es kann wohl deshalb auch kein Zufall sein, daß der regierende Graf Karl Ludwig einen Tag vor der offiziellen Huldigungsfeier für den preußischen König die Augen schloß und wie seine Vorväter als "Sachse" starb.

Den Anschluß an das Maschinenzeitalter haben die Stolberger und ihre rund einhundert Webermeister auch unter preußischen Bedingungen nicht gepackt. Der Ort schlief wie einst Dornröschen. Die Bahn fuhr (um den Frieden nicht zu stören) von 1890 an nur bis zum Bahnhof Stolberg-Rottleberode, sechs Kilometer von der Stadt entfernt. Erst 1923 rollte der Zug bis Stolberg.

Gottlob entdeckten aber bereits gegen Ende des vorigen Jahrhunderts die ersten Stadtmüden die von Wäldern umgebene romantische Stadt. 1887 waren es knapp eintausend Übernachtungsgäste, und nach dem Bau des Josephskreuzes auf dem Auerberg erhöhte sich die Zahl der Ausflügler und Sommerfrischler um ein Vielfaches. Und dieser Erfolg setzte sich auch in der ersten Hälfte des 20. Jahrhunderts fort.

Nach dem Zweiten Weltkrieg wurde Stolberg Luftkurort und entwickelte sich zu einem der beliebtesten Urlauberzentren im östlichen Teil des Gebirges. Zehntausende Feriengäste verbrachten Jahr für Jahr ihren Urlaub in Stolberg, tranken Klingelbrunnenwasser und kamen wieder. Viele Bewohner hatten dadurch einen willkommenen Haupt- oder Nebenverdienst. Da sie das meiste davon wieder in die Fassaden ihrer herrlichen alten Häuser steckten, war Stolberg - im Vergleich zu anderen Orten - auch schon in der Vorwendezeit eine attraktive Stadt. Heute leben hier weniger als zweitausend Einwohner. Eine Industrie gibt es nicht. Der Tourismus wird also auch künftig das wichtigste wirtschaftliche Standbein sein. Und wenn man bedenkt, daß alle sehenswerten Städte, Burgen, Talsperren und Naturschönheiten des Harzes, daß der Kyffhäuser und der Brocken von Stolberg aus in Tagesausflügen bequem zu erreichen sind, bietet sich ein längerer Aufenthalt förmlich an.

Wer sich dem Ort auf der Straße nähert, der erfährt gleich an der Stadtgrenze, daß er nun sowohl die "Thomas-Müntzer-Stadt" als auch die "Historische Europastadt" und die Ferienregion Stolberg erreicht hat. Daneben erinnern die Wappen von Hardegsen und von Stolberg im Rheinland an die unmittelbar nach dem Mauerfall geknüpften hilfreichen Verbindungen zwischen West und Ost. Wie der Name Müntzers 1989 in das Ortsschild kam, wird an anderer Stelle noch zu erklären sein. Der Titel "Historische Europastadt" wurde Stolberg durch das Europaministerium des Landes Sachsen-Anhalt verliehen. Exakt sieben Tage nach der Öffnung des europäischen Binnenmarktes am 1. Januar 1993 wurde das mittelalterliche Stolberg als erste Stadt des Kontinents mit dieser Auszeichnung geehrt. Der vitale Bürgermeister und der rüstige Europaminister zersägten aus diesem bedeutsamen Anlaß symbolisch den "letzten", in den Wappenfarben schwarz-gelb gestrichenen europäischen Schlagbaum.

Längst ist die von Bergen umschlossene denkmalgeschützte Fachwerkstadt im Süden des Harzes auch für Touristen aus anderen Gegenden Europas ein beliebtes Reise- und Urlaubsziel geworden. Amerikaner und Australier werden von der Atmosphäre der mittelalterlichen Stadt regelrecht euphorisiert. Im März 2001 wurde 80 Meter über der Stadt eine Wetterstation eingeweiht. Die Daten sind stündlich via Internet und Videotext abrufbar oder als Vorhersage während der Wetterbetrachtung auf dem Bildschirm zu sehen. Seither ist das Planen des richtigen Zeitpunktes für einen Besuch der Historischen Europastadt Stolberg genau besehen ein Kinderspiel!

Mit Luthers Augen auf Stolberg

Als der Reformator im Frühling des denkwürdigen Jahres 1525 Stolberg besuchte und mit seinem Schwager Raiffenstein am Freitag nach Ostern auf die Berge stieg, soll er die unter ihm liegende Stadt spontan mit einem Vogel verglichen haben. „Das Schloß", vermeinte er, „wäre der Kopff, die zwey Gassen wären die Flügel, der Markt der Rumpff, die Niedergasse der Schwantz", notierte später der Chronist Zeitfuchs. Ein schönes Bild, fürwahr, und die Stolberger sind dem berühmten Wittenberger für diesen vortrefflichen Vergleich von Herzen dankbar. Ihrem Doktor Martinus zu Ehren haben sie deshalb schon vor langer Zeit eine Buche an der Stelle gepflanzt, wo Luther verweilt und diesen zündenden Einfall gehabt haben muß.

Und wer heute zur Lutherbuche hinaufsteigt, wird überrascht sein, daß sich an diesem Bild nichts verändert hat. Nichts Wesentliches jedenfalls, denn die Häuser der Stadt stehen - überragt von Kirche und Schloß - wie eh und je auf dem Grunde der schmalen Täler, und die hiesigen Zimmerleute, die in den zurückliegenden Jahrhunderten behauene Balken zu neuen Gebäuden aufgerichtet haben, konnten damit lediglich den Schwanz und die Flügel verlängern oder das eine und das andere Bauwerk stabilisieren. Grundlegende Veränderungen am „Vogel" ließ die Lage der Stadt in den von der Lude, der Wilde und der Thyra durchflossenen Tälern ohnehin nicht zu. Dieser Umstand und die Tatsache, daß das mittelalterliche Stolberg sowohl von verheerenden Stadtbränden als auch von größeren Kriegseinwirkungen verschont geblieben ist, erweist sich als großer Glücksfall. Außerdem wurde der Ort in der Vergangenheit überwiegend von Bürgermeistern regiert, die nicht sonderlich abrißwütig waren und die zumeist das Errichten störender Steinbauten zu verhindern wußten.

Das alles im Verein und gepaart mit dem Engagement des Denkmalschutzes, mit der Liebe der Bewohner zum Erbe der Altvorderen und mit dem Willen, schöne und unwiederholbare Handwerksarbeiten für spätere Generationen zu bewahren, hat es letztendlich ermöglicht, daß man mit Stolberg einem mittelalterlichen Fachwerkstadt-Denkmal begegnet, das es in dieser Geschlossenheit und Schönheit im Harz kein zweites Mal gibt. Denkmalpfleger rühmen immer wieder die „einzigartige Einheit von Landschaft, Stadt und Bauwerk". Und wer nach Stolberg kommt, wird genau von diesem glücklichen Zusammenspiel berührt sein. Neben Quedlinburg, Wernigerode und Osterwieck zählt Stolberg zu den Fachwerkhochburgen des Landes. Bemerkenswert dabei ist, daß die kleine Stadt über dreißig Einzeldenkmale verfügt und von den genannten Orten sogar die meisten Häuser aus der Zeit vor 1530 besitzt. Einer Untersuchung des Landesamtes für Denkmalpflege zufolge stehen vier in Wernigerode und elf in Quedlinburg; dagegen kann Stolberg derzeit auf einen „Schatz" von achtzehn Häusern aus dieser Frühzeit verweisen.

Grund genug also, sich einladen zu lassen, den „Luther-Vogel" genauer in Augenschein zu nehmen. Beginnen wir deshalb mit dem Rumpf, dem dreieckigen Marktplatz im Zentrum, wo die drei Haupttäler zusammentreffen und der auch der älteste Teil des Ortes zu sein scheint.

Rathaus und Marktplatz

Das bekannteste und das prächtigste Gebäude am Marktplatz ist das Rathaus. Es wurde in den achtziger Jahren des vergangenen Jahrhunderts auf einer Zehn-Pfennig-Briefmarke verewigt und dürfte in den Alben enthusiastischer Philatelisten zwischen Haiti und Hawaii (Sammelgebiet ehemalige DDR) einen Ehrenplatz haben. Das Haus ist über ein halbes Jahrtausend alt und steckt voller Besonderheiten. Die Stolberger ließen das Gebäude nämlich mit so vielen Fenstern schmücken, wie das Jahr Wochen hat. Und die Fenster wollten sie wiederum in so viele Scheiben unterteilt haben, daß man beim Zusammenzählen prompt auf die Summe der Tage eines Jahres kommen muß. Außerdem erhielt das Haus zwölf Türen; für jeden Monat eine. Daß bei dieser ganzen Rechnerei der Einbau einer Treppe völlig vergessen wurde, ist wohl dem überforderten Baumeister zuzuschreiben. Noch heute muß man deshalb die seitlich zur Kirche hinaufführende Außentreppe benutzen, um in den ersten und zweiten Stock - zum Bürgermeister, zu den Büros der Verwaltungsgemeinschaft, zum Festsaal oder zum Standesamt - zu gelangen.

Doch damit erschöpfen sich die Rathauswunder von Stolberg noch längst nicht. Eine „gesprächige" Sonnenuhr mit dem Wappen der Stadt im Mittelpunkt schmückt seit 1724 die Fassade, und Lateiner und Rechenkünstler fühlen sich immer wieder bei der Ehre gepackt. „Glückliche Eintracht bleibet: Wenn wir zusammenhalten, wenn Phöbus die Zeiten anzeigt, Minerva die Sprachen und Themis die Bürger die alten Rechte lehrt", heißt es in der Übertragung des lateinischen Textes. Im unteren Schriftband wurden verschiedene Buchstaben vergoldet. „...SI THEMIS ET CIVES IVRA VETVSTA DOCET", liest man da. Geht man nun davon aus, daß ja das M für 1000 steht, das D für 500, gleich zweimal das C für die römische Ziffer 100 erscheint, die römische V (= U) und die I jeweils viermal vergoldet wurden und beim Addieren wahrhaftig das Geburtsjahr der Uhr herauskommt, dann wird man neugierig und forscht weiter. Einer, der sich lange damit befaßt hat und zudem noch ein Lehrer vom alten Schlage war, verrät uns noch ein wenig mehr: „Wenn man die zwischen M und D (= 1500) liegenden Zahlen (= 119) von 1500 abzieht, so bleibt 1381, und dann die davor und dahinter stehenden Zahlen (= 101) zu 1381 addiert, so erhält man 1482, das Baujahr des Rathauses vom ersten und zweiten Stock. Verfährt man gerade umgekehrt, so erhält man 1500 + 119 = 1619 - 101 = 1518, das ist die Jahreszahl des Beginns der Reformationsbewegung in Stolberg."

Das faszinierende Zahlenspiel hat allerdings seit kurzem einen Schönheitsfehler. Im Herbst 2000 gab die Stadt bauhistorische Untersuchungen zum Rathaus in Auftrag. Die Auswertung der Bohrkerne ergab, daß das Stolberger Rathaus dreißig Jahre älter ist als bisher angenommen. Unmittelbar nach dem Einschlagwinter 1451/52 wurde die Zimmermannskonstruktion in einem Zuge errichtet. Der aus Eiche und Fichte gefertigte zweigeschossige Ständerbau entstand zunächst ohne Trennwände und mit durchgehenden Balken. Erst Jahrzehnte später war man um die Standhaftigkeit des Hauses ernsthaft besorgt und zog einen von fünf mächtigen Eichensäulen gestützten Unter-

zug ein, der noch heute zu bewundern ist. Da man von 1452 als Erbauungsjahr des Hauses ausgehen muß, ist zumindest in einem Punkt ein neuer Rechenkünstler gefordert.
Das kuriose Rathaus hatte einen Vorläufer. Der stand, schlichter gestaltet, schon vor acht Jahrhunderten neben dem Turm und vor der Brücke am Markt. Weil er den gewachsenen Ansprüchen nicht mehr genügte, sollte er durch einen Neubau ersetzt werden. Und damit es kein kleinlicher Bau werden mußte, ließ der Rat gleich drei Häuser neben der Kirchentreppe abreißen. 1452 wurde also der Grundstein für den Ratsweinkeller und für das neue Kaufhaus gelegt. Bei späteren Umbauten mußte dann das eine und das andere Fenster eingespart werden, so daß ein wenig Unordnung in die „Kalender-Fassade" kam.
Im 19. Jahrhundert erhielt die Fassade Schmuckfelder, wobei man sich wieder, wie einst bei den Türen, an die Monatsvorgabe des Jahres hielt. Die heutige Felderausgestaltung entstand im Zuge der 2000/2001 vorgenommenen grundlegenden Restaurierung des mittelalterlichen Denkmals. Dabei wurde auf Darstellungen zurückgegriffen, die auf das reiche Zunftleben in dem Harztal verweisen.
Das Denkmal vor dem Rathaus löst bei vielen Betrachtern ein großes Rätselraten aus. Es entstand anläßlich der Feierlichkeiten zum 500. Geburtstag von Thomas Müntzer. Die vier Säulen sind Abgüsse jener um 1490 datierten Originale, die sich in Müntzers Geburtshaus befunden haben sollen und jetzt im Heimatmuseum aufbewahrt werden. Die Zahlen an den vorderen Stelen beziehen sich auf die Hinrichtung und spielen mit dem unsicheren Geburtsjahr Müntzers, der um 1489 nur wenige Schritte hinter dem Turm geboren wurde. Man erkennt den heiligen Christopherus mit dem kopflosen Kind auf der Schulter, die Märtyrerin Katharina von Alexandria, den 397 verstorbenen Bischof und Stolberger Schutzheiligen Martin von Tours sowie die Gottesmutter Maria mit dem Kinde. Durch diese Anordnung wollte der Künstler einen Raum schaffen, aus dessen gesetzten Grenzen Müntzer heraustritt wie aus seiner nach Reformen rufenden Zeit. Der Rücken der überlebensgroßen Figur ist entblößt, was auf die Verletzlichkeit des Menschen hindeuten mag, aber auch auf das Schicksal, das all jene erwartet, die an bestehenden Verhältnissen zu rütteln wagen und als Vordenker und Handelnde ihrer Zeit gleich mehrere Schritte voraus sind. Ob die verhüllte hintere Gestalt für die trauernde Ottilie, für den harrenden Henker oder für die gesichtslose, abwartende Masse steht - das muß jeder für sich herausfinden. Das Denkmal, das der aus Sangerhausen stammende und in Wölkau bei Halle lebende Bildhauer Klaus Messerschmidt für den gescheiterten Weltverbesserer aus Stolberg schuf, wurde noch im September 1989 eingeweiht. Damit steht das letzte vorm Zusammenbruch der DDR enthüllte Auftragswerk in dieser Stadt.
Neben dem Rathaus bestimmten dreistöckige Patrizierhäuser den Charakter des mittelalterlichen Marktplatzes. Im Haus neben der Post lebte der gräfliche Rentmeister Wilhelm Raiffenstein, der Martin Luther beherbergte. Im Haus Nummer 7, in einem verdeckten Ständerbau von 1556, wurde 1847 Johann Friedrich Theodor Gänsehals geboren, der es in Leipzig zum Komponisten gebracht hatte. Das Wappen an der Fassade erinnert an Nicolaus Spede, der als Bürgermeister im Rathaus vis-à-vis saß.

Historisches Rathaus

Wohlgegliederter Fachwerkbau (um 1500) Am Markt 12 ▶

Vom Marktplatz zur Neustadt

Den linken Vogelflügel bildet die Rittergasse, den rechten die zur Neustadt und zum Kalten Tal führende kurze Straße mit der noch aus dem Mittelalter herrührenden Bezeichnung „Am Markt". Diese Straße ist nicht einmal zweihundert Meter lang, besitzt aber dafür eine Reihe prächtig verzierter Fachwerkhäuser mit sehenswerten Details. Auf der linken Seite (Nr. 3) fällt die schon seit vielen Generationen existierende Buch-, Papier- und Schreibwarenhandlung Möbius durch eine kunstvoll gestaltete Barocktür auf. Was man bei diesem und bei anderen an den Berg gebauten marktnahen „Hochhäusern" nicht ahnt: Wenn sich der Besitzer sonntags bei seiner Frau einhakt und das Haus rückseitig zum Spaziergang verläßt, dann tritt er genau besehen aus dem zweiten, dem dritten Stock ins Freie. Sehenswerte andere Bauten, die allerdings von ihren Bewohnern ebenerdig betreten und verlassen werden, reihen sich auf der Straßenseite gegenüber aneinander. An dem aus der zweiten Hälfte des 15. Jahrhunderts stammenden vorkragenden Haus Nummer 2 sind sogar noch die mittelalterlichen Malereien an den Windbrettern erhalten. Das Haus Nummer 6 wurde um 1500 erbaut. Auch das verputzte Nachbargebäude (Nr. 8) dürfte zu dieser Zeit entstanden sein. Entnommene Bohrkerne machen eine Erbauung im Jahr 1507 wahrscheinlich; von ca. 1500 als Entstehungszeit kann man auch bei dem Haus Nummer 12 ausgehen. Hier ist noch die später zugesetzte gotische Toreinfahrt gut zu erkennen. Der Bau kommt ohne Zierat aus und wirkt auf den Betrachter allein durch seine Gliederung, durch das vorkragende Obergeschoß und das wuchtige Gebälk.

Das zwischen beiden Gebäuden liegende Haus Nr. 10 entstand um 1550. Überzeugend führt es vor, wie sich die Auffassung vom Fachwerkbau in diesen wenigen Jahrzehnten verändert hat. Die Schauseite ist jetzt mehr denn je das „Repräsentationsschild" des Besitzers. Um sich an der Gliederung des Adamschen Hauses erfreuen zu können, sollte man auf die andere Seite der Straße treten. Beeindruckend ist die Schmuckfülle der großen Fassade. Das auf die antike Muscheldarstellung zurückgehende Rosettenornament (Foto) begegnet uns an diesem Haus in immer neuen und besonders schönen Varianten. Hier entfaltet es sich zu einem Fächer (Fächerrosette), da wirkt es wie ein Wirbel (Wirbelrosette). Als ein eigenständiger Rosettentyp hat sich die symmetrisch geordnete Renaissance-Palmette herausgebildet, ein an der antiken Palmblattdarstellung orientiertes Ornament. Am deutlichsten kann man das steinerne Vorbild der Antike in der Muschelrosette erkennen. Über den links von der Tür befindlichen beiden Fenstern trifft man gleich drei Beispiele dafür an, von denen jedoch keines dem anderen gleicht. An diesem Haus spürt man förmlich die Lust der Erbauer, jede sich bietende Möglichkeit wahrzunehmen, um hier etwas zu behauen,

dort zu beschnitzen und bis zur Traufe hinauf farbig auszumalen. Und nichts bot sich dabei so gut an wie die gleich mit mehreren Randlinien eingefaßten doppelten Schiffskehlen und die walzenförmig gestalteten Balkenköpfe.

Das respekteinflößendste Gebäude (Nr. 18) in der kurzen Gasse befindet sich an deren Ende und wird im Volksmund das „Jägerhaus" genannt. Es besitzt eine hohe, spätgotische Toreinfahrt, durch die man in einen geräumigen Innenhof gelangt. Zur Straße hin ist das Haus massiv gebaut und wirkt durch seine Größe und seinen meterstarken Unterbau wie ein Teil der mittelalterlichen Befestigungsanlage. Und in der Tat, noch im 19. Jahrhundert stieß es an ein den Marktbereich nach Norden hin abschirmendes Tor. Von 1413 an diente das Jägerhaus je nach Bedarf als Gästedomizil, als Erbgrafen- und Witwensitz. Zeitweise war hier auch die Münze untergebracht; später wechselten dann die Postillione von Thurn und Taxis die Pferde im Hof, bevor es zum Auerberg hinauf und weiter hinein in den Harz ging. Das Jägerhaus wurde im 18. Jahrhundert unter Verwendung des ersten eichenen Dachgebälks aufgestockt. Hofseitig liefert es eines der rar gewordenen Beispiele für den Ständerbau. Mächtige durchgehende Ständer oder „Stiele" wurden in die Grundschwelle eingelassen und hatten, nur verbunden durch Querriegel, die Dachkonstruktion zu tragen.

Das Gasthaus Kupfer (Nr. 23) mit seinem riskant vorgeneigten Giebel und den Überkragungen im ersten und zweiten Stock darf in keinem Reiseführer fehlen. So gut wie alle Varianten der Sonnenraddarstellung und verschiedene Formen von Rosetten kann man in den Feldern entdecken (Foto), Runen, Drudenfüße und mancherlei andere Schutzzeichen, Handwerkersymbole, stehende Forellen und Brezeln. Letztere dürften auch im Inneren als Zutat verspeist worden sein, als der Fleischermeister und Gastwirt Mansfeld in der zweiten Hälfte des vorvorigen Jahrhunderts hier eingezogen war. 1870 stopfte der Genannte eigenhändig mehrere Kilo schmackhafter Würste (darunter auch die berühmten „Stolberger Lerchen") und expedierte das alles nebst etlicher Flaschen Nordhäuser Korn ins Kriegslager nach Frankreich, wo es dem preußischen Prinzen, Moltke und den übrigen Herren des Hauptquartiers so vortrefflich gemundet haben muß, daß Mansfeld umgehend das Patent als Hofschlächter seiner königlichen Hoheit des Prinzen Karl Friedrich usw. usw. erhielt, weil er sich von Stolberg her als „Patriot" ausgezeichnet hatte. Diese auch in dem von Bismark hochgelobten „Harzer Feldfrühstück" enthaltenen „Lerchen" sind eine Stolberger Spezialität, die in früherer Zeit zu jedem Schützen- und Sängerfest gehörte. Zu ihrer Herstellung wurde die „Lerchen"-Masse in dünne Schaf-

Kupfers Gasthaus Am Markt 23

oder Ziegendärme gefüllt. Die wurstigen Wunder hingen dann einige Tage zum Trocknen in der Stolberger Luft und kamen zuletzt noch kurz in die Räucherkammer. Ihren Namen sollen die Würste dem Umstand zu verdanken haben, daß die Lerche in Stolberg nicht heimisch ist, die Bewohner jedoch für den lieblichen Vogel eine Menge übrig gehabt haben und die vortreffliche Kreation aus diesem Grunde unbedingt nach dem gefiederten Zweibeiner benennen wollten. Außerdem gibt eine korrekt zubereitete „Stolberger Lerche" in der Pfanne zuweilen Töne von sich, die mit dem Gesang der Lerche durchaus vergleichbar sind.

„Lerchen" aus Stolberg verzehrt man am besten mit Grünkohl, und man bekommt sie im „Kupferschen Gasthaus" natürlich ebenso wie in anderen traditionsbewußten Restaurants der Stadt.

Auch im **Kalten Tal** (linker Hand) verdienen einige Bauwerke Aufmerksamkeit, sei es ihres beachtlichen Alters wegen oder sei es wegen einer liebevoll erhaltenen mittelalterlichen Tür (Nr. 4). Das Haus Nummer 3 stammt von 1469 und gilt als das älteste datierte Harzer Fachwerkhaus in Sachsen-Anhalt. Die Nummer 10 liefert uns noch ein

Neustadt 10

Am Anfang der Töpfergasse

Prunkvolles Fachwerkhaus Am Markt 10 (rechts)

weiteres Beispiel für den Ständerbau in Stolberg, und da der niedrigere Teil des Gebäudes nach jüngsten Bohrkernuntersuchungen des Landesamtes für Denkmalpflege 1452, der andere Teil 1484 errichtet worden ist, steht man möglicherweise vor dem ältesten Bürgerhaus der Stadt.

Bedenkt man, daß auch die Balken dieser frühen Stolberger Häuser allein mit dem Breitbeil und der Axt aus runden Stämmen geschaffen wurden und daß dafür nur sehr einfaches, von örtlichen Schmieden hergestelltes Werkzeug zur Verfügung stand, dann kann man die Leistungen dieser mittelalterlichen Zimmerleute nicht hoch genug einschätzen. Die Stämme wurden stets in Laufrichtung der Holzfasern kantig behauen, was dann den Vorteil hatte, daß dieses Holz gegenüber Witterungseinflüssen besonders widerstandsfähig war. In dem 1568 erschienenen „Ständebuch" des Jost Ammann sind bereits jene einfachen Werkzeuge abgebildet, mit deren Hilfe auch die Stolberger Zimmerleute ihre Fachwerkwunder errichtet haben. Bis in die Neuzeit hinein blieben diese Hilfsmittel unverändert. Mit der Hohlaxt wurden die Zapfenlöcher ins Gebälk geschlagen, mit der von zwei Mann zu bedienenden Schrotsäge Bretter und Balken geteilt. Den Zweihandbohrer benutzte man zum Ausbohren der Löcher für die Holznägel. Und mit der weitgezackten Dielensäge wurden Bretter und Bohlen aus den Stämmen geschnitten. Eine äußerst mühevolle und harte Arbeit, bei der der Stamm über ein Gerüst oder eine Grube gerollt werden mußte. Gesägt wurde senkrecht, wobei dem Untenstehenden der leichtere Part zufiel.

Ehe die Große Wilde im 19. Jahrhundert bis zum Alten Markt überwölbt wurde, fuhren die Wagen im Bachbett zwischen den Häusern durchs Kalte Tal. Später nutzte ein stadtbekannter Wilddieb das neue Gewölbe, um sein Wildbret ordentlich aushängen zu lassen. Das blieb so, bis ihm der verzweifelte Graf das Geld für die Überfahrt nach Amerika gab. Dort soll der heißblütige Stolberger sofort eine neue Dynastie von Wilddieben begründet haben...

Beim „Café Sander" tritt die Wilde wieder ans Licht. Hier beginnt die **Neustadt**. „Wer Gott vertraut, hat wohlgebaut, im Himmel und auf Erden", lesen wir am Gebälk eines 1701 errichteten Hauses (Nr. 10) und werden durch den Namen des Erbauers wieder an die seit dem frühen Mittelalter in der Stadt vertretenen Reidemeister und an deren Bedeutung für die Stahlherstellung in Stolberg erinnert. Das Haus Nummer 5 stammt aus dem Jahre 1672 und läßt durch seine Portalverzierung Schlüsse auf den Berufsstand des ersten Besitzers zu. Die Balken in den Gefachen fallen durch ihre ungewöhnliche Form auf. An diesem Haus begegnet man dem sogenannten Feuerbock. Mit ihm sollte die Kraft des Feuers beschworen werden. Gleichzeitig galt er als „Feuerschutz"-Zeichen. Interessant ist der Vergleich mit dem Haus Töpfergasse 1. Beide Häuser waren 1672 bezugsfertig. Dieses hier ist jedoch noch der Renaissance verhaftet, „liebäugelt" aber schon mit dem Barock.

Rechts beginnt der **Reiche Winkel** mit nur wenigen, jedoch sehr sehenswerten Häusern. Leider wurden auch hier bei früherer Renovierung manche alten Fenster durch nicht untergliederte neue ersetzt, was die Harmonie solcher Bauwerke zerstört. Am Haus Nummer 3 hingegen ist alles stimmig. Mit Freude wird man die Details des Fachwerks betrachten und den Spruch neben der kunstvoll gearbeiteten Tür studieren. Im Vorläufer dieses 1575 errichteten Hauses wurde Johannes Schneidewind als 15. Kind eines Stolberger Patriziers geboren, dessen Reichtum dem Flecken den Namen gab. Der Sohn hat als bedeutender Rechtsgelehrter manch grundlegendes juristisches Werk der Reformation mit auf den Weg gebracht. Wo der Reiche Winkel wieder auf die Neustadt stößt, sollte man das farbenfrohe Eckhaus betrachten, das der "Timmerman", der Zimmermann Lucas Großstück erbaute.

Gegenüber beginnt die **Töpfergasse**. Wie die Neustadt zeichnet sie sich durch eine große Anzahl reizvoller Fachwerkbauten aus verschiedenen Jahrhunderten, die den Einfluß unterschiedlichster Bautraditionen widerspiegeln, aus. Das Haus Nummer 1 (Foto S. 18) war vormals das „Spittel", das Hospital der Neustadt. Unter den oberen Fenstern sind die Zierbalken in Kreuzfriesform angeordnet. In den hohen Seitenfeldern erkennt man das Andreaskreuz und - in diesem eingesetzt - eine feldfüllende Raute. Die zweiteilige Haustür stammt aus der Zeit der Erbauung und läßt sich im oberen Teil öffnen, so daß das Licht in den Flur fallen konnte, wo sommers auch gewebt und gearbeitet wurde. Die Fenster mit der Butzenverglasung sind jünger. Sie wurden in einer Quedlinburger Werkstatt angefertigt und heben den besonderen Charakter des Hauses hervor. Das um 1700 und bis unters Dach nur aus Eiche erbaute, ockerfarbene Fachwerkhaus schräg gegenüber (Nr. 21) war lange Zeit dem Verfall preisgegeben. Inzwischen hat es einen Liebhaber gefunden, der die Mühen der Restaurierung gern auf sich genommen und dessen Mutter sogar die passenden Gardinchen gehäkelt hat. Man kann nun den Weg durch die steile Töpfergasse fortsetzen, die am Ende wieder auf die Neustadt genannte Gasse trifft.

Wenige Schritte weiter befindet sich der 1519 angelegte Friedhof. Hier stand bis 1832 das Neustädter Tor. Die Kapelle „Unserer Lieben Frauen" stammt aus dem 15. Jahrhundert (Foto: Grabstein an der Kapelle). Ludwig Richter, der mehrfach im Harz geweilt und auch in Stolberg mancherlei Anregungen für seine Arbeit empfangen hat, beeindruckte dieses gotische Bauwerk sehr. Auf seinem 1847 entstandenen Gemälde „Brautzug im Frühling", das in der Galerie „Neue Meister" in Dresden hängt, lugt der Turm der gotischen Kapelle über dem heiteren Hochzeitszug aus dem Wald.

Die Friedhofskapelle "Unserer Lieben Frauen"

Blick zum Stolberger Schloß von der Töpfergasse aus ▶

Die Rittergasse

Auch dieser Gassenname weist ins frühe Mittelalter und in die Zeit der Stadtgründung zurück. Wer in der Rittergasse wohnte, mußte keinen kleinlichen Hausbau planen, und die Hirsch-Apotheke mit ihrem Erkeraufbau behauptet sich durchaus neben dem mächtigeren Rathaus. Schräg gegenüber befand sich bis zum Jahre 1932 das älteste Gasthaus der Stadt. Nach einem Brand mußte es neu errichtet werden. Das Hotel „Weißes Roß" steht somit an der Stelle der Adels- und Ritterherberge von 1627. Mit einem Glockentürmchen wartet das Haus Nummer 7 auf. Es wurde im Jahre 1717 (dem 200. Jahrestag der Reformation) von dem Stolberger Grafen Christoph Friedrich (1672 - 1738) für die vor allem nach Pest- und Seuchenzeiten zahlreichen elternlosen Kinder errichtet. Unter diesem Grafen erfuhr der Pietismus in Stolberg eine starke Ausprägung. Im Jahre 1711 war das erste Stolberger Gesangbuch erschienen. Und als eine aus der praktischen Frömmigkeit des Pietismus resultierende Tat kann die Einrichtung dieses Waisenhauses gewertet werden. 1729 trat mit dem Hofdiakon Ulitsch ein besonders eifriger Vertreter dieser Richtung seine Stelle an. Schon bald drängte er den Diakon Magister Johann Arnold Zeitfuchs aus dem Amt des Waisenhausinspektors. Hinter dem großen Tor in der Rittergasse hielt Ulitsch fortan gegen die evangelische Amtskirche gerichtete Versammlungen ab, bis es dieser zu radikal wurde und der Graf eingriff. Das barocke Gebäude diente noch bis ins letzte Jahrhundert hinein als Waisenhaus. Die unteren Räume wurden später verschieden genutzt. Das über der Toreinfahrt angebrachte Innungszeichen stammt von 1712. Es wurde erst später an diese Stelle versetzt und soll an die einst mitgliederstarke Zunft der Stolberger Lein- und Zeugweber erinnern.

Mit der Nummer 14 hat sich ein kleines Handwerkerhaus aus gotischer Zeit nahezu unverfälscht erhalten. Es wurde um 1450 erbaut und besticht durch seine klare Gliederung und schöne Einfachheit. Die Grundschwelle ist auf eine Bruchsteinmauer gelegt; die Balken des Obergeschosses kragen hier besonders weit vor. Auch im Inneren fühlt man sich sofort ein halbes Jahrtausend zurückversetzt. Eine offene Herdstelle, gotische Spitzbogentüren, Hausrat sowie die mit Eichenbohlen verschlagenen Decken und Wände vermitteln eine gute Vorstellung vom „Innenleben" so alter Häuser. Dieses hier dient als Museum und gewährt Einblicke in die Stolberger Lebensverhältnisse und in die Wohnkultur des Mittelalters.

Noch 1932 wurde das Haus von einem zeugungsfreudigen Schuhmachermeister bewohnt, der, um ein Dutzend Mäuler zu stopfen, auch nachts noch hämmern, nähen und flicken mußte. Das ärgerte natürlich die Nachbarn. Eines Abends betraten einige von ihnen vermummt die kleine Werkstatt, stellten einen Sarg ab und verschwanden wieder. Der beschäftigte Meister hatte sich davon

aber keineswegs beeindrucken lassen und einfach weitergearbeitet. Als nun die Glocke vom Marktturm her zur Mitternacht schlug, hob sich der Sargdeckel, eine Gestalt richtete sich auf und rief: „Wo Tote sind, soll Ruhe walten!" Der Schuster aber nahm seinen Hammer, holte aus und sagte: „Und Tote soll'n die Klappe halten!"
Die Häuser auf der anderen Straßenseite sind ihrer vorkragenden Geschosse wegen leicht einzuordnen. Wendet man sich in der Kurve noch einmal zum Markt, dann wird einem an dieser Stelle die Reihung dreistökkiger Erkerhäuser bewußt. Durch die den Abschluß bildenden Zwerchhäuser wird das Bild aufgelockert. Amüsant sind auch die winzigen Fenster in einigen der Erkerbalken. In der Nummer 13 entdeckt man im ersten Stockwerk sogar einen ins Holz gestemmten Spion, der wie eine Schießscharten-Miniatur wirkt und zeigt, daß die Zeiten anno 1505 recht unsicher gewesen sein müssen. Der schwarze Hirsch am Gebälk legt die enge Verbindung des Besitzers zum Grafenhaus nahe, und wer weiß, vielleicht beherbergte er in diesem stattlichen Gebäude, in dem auch noch die typischen Stolberger Schiebefenster zu bewundern sind, Ritter und Knappen, für die auf der Burg kein Platz war.

Andere Häuser geben durch ihre Inschriften über sich Auskunft. Im Haus Nummer 24 wohnte Johann Georg Papenius, „Bürger und Orgelmacher zu Stolberg", dessen Werk uns in der Martinikirche begegnen wird. „Nütze den Tag und bedenke sein Ende", mahnt Christoff Ludewig Hentzen am Haus Nr. 30, das durch seinen Blockhauscharakter und seine farbenfrohe Haustür (Foto S. 22) auffällt, an der weder der originale Türklopfer noch der Klingelzug fehlen. Hentzen war Ratsmann und bewohnte das 1704 erbaute Haus nur kurze Zeit. Später befand sich darin die Lateinschule. 1816 übernahm der Kirchner für 282 Taler das Haus von dem gräflichen Hofbuchdrucker Georg Gottfried Schulze. 1842 kaufte es der Uhrmachermeister Friedrich Müller, dessen Familie es bis ins 20. Jahrhundert hinein besaß. Linker Hand führt ein Weg zum Klingelbrunnen. Von dort transportierte im Mittelalter eine Eselskarawane täglich das Wasser zum Schloß hinauf. Die mit Glöckchen behängten Graufelligen müssen der Gasse und dem äußeren Tor den ersten Namen gegeben haben. Nach einer anderen Lesart fielen die Herren von Schwieheldt und mit ihnen im Bunde die Goslarer im Winter 1472 vom Ludetal her in die Stadt ein. Die überrumpelten Bürger im oberen Abschnitt der Gasse flohen mit großem Geschrei, die aus dem zum Markt hin gelegenen Teil aber nahmen ihre Armbrüste vom Haken, ergriffen Spieße, Schwerter, Schürhaken und geeigneten anderen Hausrat und jagten die Frechlinge zum Tor hinaus. Während sich die einen also wie Esel benommen hatten und davon gelaufen waren, hatten sich die anderen ritterlich geschlagen. Von da an soll der eine Teil die Rittergasse, der andere die Eselsgasse geheißen haben. Hartnäckige Verfechter dieser These wollten deshalb in den Rindern am Haus Nr. 44 (Foto) nur noch Esel erkennen. Dieses Ge-

Eines der prächtigsten Häuser in der Rittergasse: die Nummer 44

◄ Museum Altes Bürgerhaus in der Rittergasse 14

bäude von 1563 diente ursprünglich als Garküche für fahrende Kaufleute und Ritter samt ihrem Gefolge und muß der angebrachten Zeichen wegen auch in trunkenem Zustand gut zu finden gewesen sein. Sehr schön läßt sich auch an diesem Haus neben den doppelten Schiffskehlen das verbreitetste Fachwerkornament der Renaissance bewundern. Trotz ihrer Farbigkeit wirken diese auch gern als „Sonnen" bezeichneten Halbrosetten in sich ruhend. Das rechte untere Zimmer, die sogenannte „Ritterstube", besitzt noch die originale mittelalterliche Bohlendecke und die entsprechenden Holzwände. In den Kehlen der Eckbalken hatten einst die Heiligenfiguren ihren Platz, so wie bei den vier Stelen des Müntzerdenkmals auf dem Markt. Auch sie befanden sich ursprünglich in einer Bohlenstube.

Der Garküchenhinweis über dem Portal des Hauses erhärtet im übrigen die These, daß der Erbauer dieses großartigen Renaissancehauses tatsächlich jener Hennz Neibour gewesen sein muß, der in den Stolberger Schloßakten als Hauskoch des Grafen Albrecht Georg, einem Sohn Bothos III., erwähnt wird. Der Graf hatte in Ungarn gegen die Türken gekämpft und - wie zuvor schon sein Vater - um 1535 einen türkischen Diener in den Harz mitgebracht. Der dürfte in Stolberg christlich erzogen und getauft worden sein. Und weil er den islamischen Glauben abgelegt und das neue, christliche Bekenntnis gesprochen hatte, muß er sich selbst und natürlich den Stolbergern „wie neugeboren" vorgekommen sein. Das wird den Geistlichen auf die Idee gebracht haben, dem weitgereisten Täufling den Namen Hentz Neugeborn zu geben. Und den kann man noch heute an der Fassade des Hauses über dem Baujahr lesen.

Von Interesse mag in diesem Zusammenhang auch sein, daß in der Kirchenburg zu Birthälm (Siebenbürgen) anno 1822 ein Bischof der dortigen evangelischen Kirche zu Grabe getragen wurde, der Daniel Georg Neugebohren hieß. Seine Vorfahren kamen aus dem Harz und stammen mit hoher Wahrscheinlichkeit von jenem Stolberger „Türken" ab, der anno 1563 in diesem Haus seinen Ritter-Imbiß eröffnet hatte.

Daß sich einige angehende Hauseigentümer auch mit minderwertigem Bauholz begnügen mußten, das gleich so verarbeitet wurde, wie es gewachsen war, ahnt man, wenn man das eine und das andere Gebäude betrachtet. Vorm Haus Nummer 50 wird sich manch einer angesichts der riskanten Krümmung des Schwellenbalkens im Obergeschoß vielleicht sogar fragen, wie die kinderreichen Bewohner früher das Nachtgeschirr zum Halten gebracht haben.

Das Haus Nummer 60, an dem die Trophäe des Schützenkönigs angebracht ist, bedürfte keiner Hervorhebung, hätte sich der Besitzer nicht eines denkmalpflegerisch abgesegneten Tricks bedient, um sein Auto von der Straße weg und ins Haus zu holen. Beim genaueren Hinsehen entdeckt man die Stelle, an der sich die Fachwerkfassade öffnen läßt. Das Fahrzeug steht also gewissermaßen in der „guten Stube" von Heinrich und Karl Ehring (1866 - 1953 bzw. 1896 - 1963), die beide noch ihre Arbeit im Walde und keine Garage nötig gehabt hatten. Dafür trat allmorgendlich eine braune Harzkuh mit ihrem Kalb aus der Haustür, gefolgt von der Hausfrau, die der Kuh den Schwanz fest aufs Gesäß drückte und ein Kehrblech zur Sicherheit in der Hand hielt, damit nicht schon im Flur das abstürzte, was auf der Straße besser aufgehoben war. Die Kühe ordneten sich in die vorbeiziehende Herde ein und kehrten erst spät am Abend mit vollen Eutern von der Waldweide nach Hause zurück. Und dann war es des prallen Bauches wegen nicht immer ganz einfach, das Tier durch die Haustür und an der „guten Stube", der Küche vorbei in den Stall zu bekommen. Bequemer hatten es dagegen die Kühe aus dem Haus Nummer 61 gegenüber. Hier befand sich, wie die Inschrift berichtet, früher eine der zahlreichen durch Wasserräder angetriebenen Mühlen, von denen in der Rittergasse sechs existierten. Den Abschluß des Flügels bildet das Rittertor. Es ist das einzige erhalten gebliebene Stadttor, in dem früher auch der Wächter seine Wohnung hatte.

Dank der günstigen Lage war es nicht erforderlich, die Stadt zusätzlich mit Mauern zu sichern. Die Berge bildeten einen natürlichen Schutzwall, der nicht so ohne weiteres zu überwinden war. So mußten lediglich die Ausgänge in den vier Tälern durch Tore, Zäune und Gräben geschützt werden.

Das Rittertor existierte bereits vor 1300, was noch einmal vor Augen führt, daß sich Stolbergs Stadtgrenzen seither kaum verschoben haben. Vor dem Rittergässer Tor befanden sich der Friedhof und die Fischteiche, die Hopfengärten der Bürger und der Zimmerplatz der Stadt. Auch die Bergleute und die Hüttenmänner passierten am Morgen und Abend das Tor, weil sich einige Gruben und Hüttenwerke im Tal der Lude befanden. Das äußere Tor der früheren Eselsgasse muß man sich mit kleinen Ecktürmchen vorstellen. Da man es mit den Ausbesserungsarbeiten nicht so genau genommen hatte, stürzte im Herbst 1635 „die Helfte des Eselsgässer Tores ein". Es war Abend, und es regnete, und kurz zuvor waren gerade einige heimkehrende Bewohner mit ihren Kindern „darunter weggegangen". Das Tor wurde notdürftig repariert und hielt fünf Jahre. Bei einem Sturm stürzte es von neuem ein. Nun kam man um eine grundlegende Erneuerung nicht herum. Und so wurde es, wie das Niedergässer Tor, „mit Palisaden und Laufgraben verwahret".

Im Mittelalter befanden sich neben dem Rittertor die Stallungen der gräflichen Esel, die auf einem Saumpfad hinauftransportierten, was in der Burg gebraucht wurde. Erst gegen Ende des vergangenen Jahrhunderts wurde dieser Pfad zur Auffahrt erweitert, über die man zum Schloß und ins andere Tal der Stadt gelangt. Hinter dem Rittertor befand sich bis 1818 die Kapelle zum Heiligen Kreuz, an die noch heute am Hang ein Sandsteinkreuz erinnert. Darunter lag der bereits im Mittelalter aufgegebene Friedhof. Im vorigen Jahrhundert entstand nach Schinkels Plänen das Schützenhaus (heute Hotel Beutel „Chalet Waldfrieden"). Dort versammelten sich die Stolberger Bogenschützen, die mit der Armbrust nach einem Holzvogel schossen, sowie die Mitglieder der 1462 erstmals erwähnten Schützengilde zu ihren Festen. Heute finden auf dem Festplatz hinterm Rittertor beliebte Chorkonzerte statt, auch Folkloregruppen und Bands treten auf, genau dort, wo man in vorreformatorischer Zeit Messen sang und in einem großartigen Prozessionszug „uff das Haynfelt zu St. Pauel" zog, um gutes Wetter zu erbitten.

Das Rittertor ist das einzig erhalten gebliebene Stadttor

Die Stadtkirche St. Martini

Stadtkirche St. Martini

Auch wenn Luther es nicht ausdrücklich erwähnt hat, die über dem Rathaus und unterhalb des "Kopfes" gelegene Kirche ist natürlich das Herz des Vogels und der Stadt. Das dem heiligen Martin, dem Schutzpatron der Diözese Mainz, geweihte Gotteshaus wurde erstmals in einem in Rom angefertigten Ablaßbrief vom 8. Oktober 1300 erwähnt, ist jedoch bedeutend älter. Schon 1157 war von einem Hausverkauf in der Pfaffengasse berichtet worden, was das Vorhandensein sowohl eines Pfarrers als auch einer Kirche voraussetzte.

An den ersten, nach Osten ausgerichteten steinernen Kirchenbau erinnert noch der romanische Glockenturm. Er wurde erst später mit dem Neubau, einer dreischiffigen Basilika mit Flachdach, verbunden. Um Platz zu gewinnen, bekam die neue Kirche eine Ausrichtung nach Nordosten und rückte bis dicht an den Felsen heran. Lange hielt das Bauwerk jedoch nicht stand. 1463 erließ Papst Pius II. einen Ablaßbrief, um die "auf einem Vorberge des Burgberges in waldiger Gegend und am Berghange gelegene Kirche, die in kurzem in Verfall geraten werde, wenn man ihr in ihrem Alter nicht bald zu Hilfe käme", zu retten. Auf sieben Jahre einen vierzigtägigen Ablaß für den, der sein Scherflein beitrug - da mußte es vorangehen mit dem Bau. Und als dieser dann doch zu stocken drohte, gab es einen neuen Ablaß. Der Hohe Chor mit dem Hochaltar wurde am Sonntag vor Pfingsten des Jahres 1490 vom Mainzer Erzbischof geweiht. Der für den Altar benötigte große Stein kam aus Erfurt. Er mußte von 23 Pferden gezogen werden und war acht Tage unterwegs. Eng verbunden mit diesem Bauabschnitt sind die Namen des gelehrten Pfarrers Dr. Ulrich Rispach und der Gräfin Elisabeth von Stolberg, einer Prinzessin aus dem Hause Württemberg. An sie erinnern zwei von dem Nürnberger Peter Vischer gearbeitete Grabplatten in der Kirche.

Bis 1550 wurden auch die übrigen Abschnitte des Bauwerks zeitgemäß verändert. Aus dieser Phase stammen die mit herrlichem Maßwerk versehenen, nach einem abermaligen Umbau aber zugesetzten Obergadenfenster im Mittelschiff. Während des 17. Jahrhunderts verlor der eindrucksvolle Spitzturm seine vier Ecktürmchen. Mit der Barockzeit gingen neue Eingriffe einher. So wurden die überflüssig gewordenen Seitenaltäre entfernt und das Innere der Kirche dem Geschmack des Jahrhunderts entsprechend ausgeschmückt. Eine große Orgel wurde eingebaut, und 1749 erhielt die Martinikirche das beide Seitenschiffe überdeckende mächtige Satteldach.

Größere Bauarbeiten werden auch für das 19. Jahrhundert vermeldet. 1898 kam es zur Einweihung der unter dem Chor gelegenen Fürstengruft, die aus dem seit 1468 existierenden Erbbegräbnis des Grafenhauses hervorgegangen war. Eine notwendige grundlegende Restaurierung der Kirche blieb aber aus. Besonders stark zeigten sich die Versäumnisse der Vergangenheit nach dem Zweiten Weltkrieg. Da fehlte es aber an Material, an Handwerkern, an Geld und nicht zuletzt an einem kirchenfreundlichen Klima, um das Bauwerk vor weiterem Verfall zu bewahren. So ist es in der Hauptsache engagierten Stolberger Christen zu danken, daß Schlimmeres verhindert wurde. Und wenn man seinerzeit die trabantfahrende

Pastorin über Land rasen sah, wußte man nie, will sie zu einer Hochzeit, zu einem Begräbnis, oder holt sie aus einem geheimen Depot breitköpfige Nägel für ihr Kirchendach ... Wer sich in diese Zeit einzufühlen vermag, der wird die im Seitenschiff aufgebaute Bilddokumentation über die in den letzten Jahren möglich gewordenen aufwendigen Restaurierungsarbeiten mit anderen Augen betrachten. Und er wird dieses schön hergerichtete Gotteshaus, das zugleich auch ein Denkmal mittelalterlicher Baukunst und eine sakrale "Schatzkammer" ist, zu würdigen wissen.

Im Inneren hält die St. Martinikirche mancherlei Überraschendes bereit. Schon beim Eintreten lohnt es, die auf quadratischen Pfeilern ruhenden, spitzbogigen Arkaden des Mittelschiffes genauer in Augenschein zu nehmen, denn sie sind abgesehen von Glockenturm und Kreuzgang an der Nordseite die einzigen Zeugnisse aus romanischer Zeit.

Der Barockaltar besaß bis 1883 eine Korbkanzel. Nun ist zwischen den Säulen eine Kopie der "Auferweckung des Lazarus" nach Rubens eingefügt. Aus dem gleichen Jahrzehnt stammen auch die figurengeschmückten, farbigen Fenster im Chorraum. Auf dem mittleren ist Martin Luther dargestellt, flankiert von seinen Stolberger Weggenossen, dem Magister und Rektor Spangenberg sowie dem Reformator der Grafschaft und des Quedlinburger Reichsstiftes, dem ersten Superintendenten Tilmann Platner, den man damals kurzum "Superattendent" nannte, obschon auch das nicht einfach zu sprechen war.

Links vom Altar ist die mit der bildlichen Darstellung des Leidens und der Auferstehung geschmückte und um 1490 gegossene Bronzegrabplatte für Dr. Ulrich Rispach aufgestellt. Er starb 1488 während eines Gottesdienstes. Dem Augustiner verdanken die Stolberger den Kirchenumbau. Gegenüber der Grabplatte befindet sich das Marmordenkmal für den Grafen Gottlieb Friedrich von Stolberg. Fahnen, halbe Gewehrläufe, Pistolen und Säbelknäufe assoziieren Kälte und Schlachtenlärm. Und in der Tat, der Stolberger ist anno 1737 als österreichischer Hauptmann im Kampf gegen die Türken in Bosnien gefallen. Die fein ziselierte Standfigur der Gräfin Elisabeth (gest. 1505) ist auf einem perspektivisch dargestellten Fußboden wiedergegeben. Auch diese Platte stammt aus der Werkstatt von Peter Vischer d. Ä. und entstand 1505.

Daß die Taufe ein fröhlicher Akt ist, scheinen die Figuren auf dem Alabastertaufstein aus dem Jahre 1599 ausdrücken zu wollen. Die "musizierenden" Engel verhalten sich recht kindgemäß: Der Trommler schläft, der Lautenspieler zieht sich am Zeh, der Harfenspieler greift lieber nach den Früchten. Auch von der frühmittelalterlichen Ausstattung der Kirche sind einige Zeugnisse über die Reformationszeit hinaus gerettet worden. So die vier Fragmente des einstigen Hochaltars an der Nordseite. Diese vermutlich um 1420 geschnitzten Reliefs sind farbig bemalt und dokumentieren auf anrührende Weise biblisches Geschehen von der Geburt bis zum Pfingstwunder. Und auch hier meint man, etwas von der inneren Fröhlichkeit des Künstlers zu spüren. Das um 1490 geschaffene Beweinungsrelief wird dem "unbekannten Erfurter Meister" zugeschrieben. Ob der Johanneskopf als Werk Riemenschneiders gelten kann, erhitzt gelegentlich noch immer die Gemüter der Experten.

Gegenüber der klassizistischen Kanzel von 1831 befand sich jene gotische Kanzel, auf der auch Luther 1525 gepredigt hatte. Heute ist dort eine Holzplastik des Heiligen Martin mit dem knienden Bettler plaziert. Es soll sich dabei um die größte hölzerne Reiterfigur des Mittelalters handeln.

Hinter einer mit Eisenbeschlägen verzierten Tür, deren Schließmechanismus sensible Schlosser in Depressionen stürzen muß, befindet sich die Sakristei. In dieser kleinen, von einem Netzgewölbe überspannten "Schatzkammer" fühlt man sich sofort ein halbes Jahrtausend zurückversetzt. Hier sind Kostbarkeiten aufbewahrt, die uns Einblick nehmen lassen in Stolbergs mittelalterliche Welt: Da hängt ein in Rom auf Ziegenleder verfaßter Ablaßbrief, dort liegt ein Stolberger Statutenbuch neben Werken aus der im 15. Jahrhundert angelegten Kirchenbibliothek, zu der auch ein umfangreicher Urkundenschatz gehört. Nothelferfiguren erzählen ebenso von einer Zeit, in der diese Kirche katholisch war, wie die drei gotischen

Blick von der Kanzel in den Ostchor von St. Martini

Madonnen. Das auf dem Lesepult ausliegende mächtige Buch stammt aus der Bibliothek des 1488 verstorbenen Dr. Ulrich Rispach. Die von seiner Hand gemachten Anmerkungen an den Randleisten gingen dem bedeutenden Geistlichen demnach vor mehr als fünf Jahrhunderten durch den Kopf. In einer Vitrine kann man auch das in Augenschein nehmen, was vor einigen Jahren beim Ausbau des alten Instrumentes entdeckt wurde. Die große Barockorgel schuf der namhafte Orgelbauer Johannes Papenius zwischen 1701 und 1703. Das Instrument besaß zwei Manuale, 28 Register und 1596 Pfeifen. Es wurde mehrfach umgebaut, zuletzt 1991/93 durch die Greizer Orgelbaufirma Schüßler. Seither ist die Orgel aus dem sommerlichen Konzertleben der Kirche nicht mehr wegzudenken. Besonders eindrucksvoll ist der bis zur Decke reichende und vorbildlich restaurierte Prospekt der Papenius-Orgel.

Bei der Restaurierung der Sakristei wurden Fragmente mittelalterlicher Wandmalerei wieder sichtbar gemacht. Im Schlußstein des Kreuzgewölbes hat der heilige Martin seinen Platz. Wie in anderen protestantischen Gegenden war auch in Stolberg der Martinstag in besonderer Weise dem Andenken Martin Luthers gewidmet. In der Stadt war es noch nach dem Zweiten Weltkrieg üblich, sich an diesem Abend mit Verwandten und Freunden zum gemeinsamen Mahl zu versammeln. Dann wurden auch die Kerzen mit den Bildern des Reformators und seiner Frau sowie des Gänsemädchens aus den Fenstern genommen und angezündet. Und alle ließen es sich gutgehen, obwohl niemand so ganz genau wußte, den wievielten Geburtstag des Reformators es eigentlich zu feiern galt!

1994 wurde im romanischen Turm ein kleines Glockenmuseum eingerichtet. Ein Raum für wechselnde Ausstellungen befindet sich auf der Südempore, außerdem eine Galerie. Dort hängen auch die Bildnisse früherer Oberpfarrer und Superintendenten. Zwischen ihnen Luther und Melanchthon. Ihre Bilder wurden in dem denkwürdigen Jahr 1618 in Wittenberg in Auftrag gegeben. Die Stolberger wollten das so. Im Lande tobte schon der (Dreißigjährige) Religionskrieg. Und da sollten die beiden Reformatoren, die ihren Platz vermutlich links und rechts vom Hauptaltar hatten, wohl aufpassen, daß die Stolberger Pastoren nicht doch noch umkippten.

Unter den Bildern der Galerie fällt besonders eines auf, das Joseph von Arimathia zeigt, der ja Pilatus nach übereinstimmenden Zeugnissen um die Herausgabe des Leichnams Christi gebeten hatte, um ihn zu bestatten. Bemerkenswert ist die deutliche Parteinahme des Malers für die Juden, und das zu einer Zeit, in der die Zeichen im mittelalterlichen Deutschland ganz anders standen. Das Werk, 1932 beim Abriß der alten Superintendentur gefunden, stammt aus einem um 1490 geschaffenen Altartorso. Ein anderes Bild auf der Südempore zeigt die unter dem Kreuz betende gräfliche Familie. Die Kreuzigung hat auf einem Berg über Stolberg stattgefunden. Im Hintergrund sieht man Details der Stadt und des bereits zu der Zeit umgebauten Schlosses, das aber noch seinen auffälligen Bergfried besaß.

Die Marienkapelle

Etwas oberhalb der Kirche steht die gotische Kapelle Beatae Mariae Virginis. Sie besitzt hohe Fenster mit schönem Maßwerk und wurde im Jahre 1477 von Heinrich dem Älteren und der Bergwerksinnung über dem alten Beinhaus errichtet. Die zu dieser Zeit reichlich fließenden Erträge aus dem Bergbau hatten sie dazu ermuntert; und da die Stiftung nicht klein ausgefallen war, konnte sogar ein Vikar eingestellt werden.

Graf Heinrich, dessen Beichtvater Rispach war, hob sich von allen Vorgängern durch eine besondere Frömmigkeit und Fürsorge für die Kirche ab. Zweimal unternahm er sogar die beschwerliche Reise ins Heilige Land. Stolberg - Jerusalem und zurück - das war schon etwas in dieser Zeit und dann noch für einen Stolberger! Auf der 1510 gegossenen 62 Zentner schweren Martiniglocke wurde er demnach nicht ganz grundlos in "bischöflichem Ornate" abgebildet; eine gewiß ungewöhnliche Ehrung für einen Grafen.

Unter dem strenggläubigen Heinrich dem Älteren wurden neue Kirchen- und Sonntagsordnungen verabschiedet. Die Zahl der Kapellen, der Altäre und der Gottesdienste wuchs und damit auch das „Honorar" für die Betstunden. Zeitweise waren in Stolberg zwanzig Vikare beschäftigt, und die wollten alle versorgt sein. Jeder Heilige und Nothelfer dürfte damals seinen eigenen Festtag gehabt haben. Heinrich legte während seiner Regierungszeit auch fest, daß nur derjenige in Stolberg als Pfarrer eingesetzt werden durfte, der Doktor der Theologie oder Magister in den Freien Künsten und von der Fakultät in Erfurt vorgeschlagen worden war. Dem Vatikan muß dieses Engagement so gut gefallen haben, daß Papst Paulus II. dem Grafen im Jahre 1493 „einen ganzen Körper der heiligen 10 000 Ritter in seinen vornehmsten Gliedern" übergab, freilich mit der Auflage, das jährliche Fest in Stolberg wie ein Apostelfest zu begehen.

Daß die auf Veränderung der alten Kirche bestehenden Forderungen nicht mehr zu unterdrücken sein würden, muß auch Heinrich gespürt haben. 1498 übergab er die Regierung an seinen Sohn Botho III. und ging ins Kloster nach Ilfeld. 1511 starb er. Die prachtvolle Glocke, die heute im Gestühl der Marienkapelle hängt, hat Heinrich noch selbst schlagen hören. Sie wurde 1478 gegossen und soll bei einem Siegesläuten während des ersten WeltErieges gesprungen sein. Ihrer schwachen Rippe wegen darf sie nach einer Rißschweißung nur noch zu besonderem Anlaß und mit der Hand geläutet werden. Ihre Hauptflanke schmückt eine 25 Zentimeter hohe Kniende, vor der ein Schwert liegt, was auf die Märtyrerin hindeutet. Die Glocke trägt das Stifterzeichen von Ulrich Rispach. Am Glockenhals liest man: "Im jahre tausendvierhundertachtunsiebzig wurde ich gesalbt auf den namen martina". Eine Besonderheit ist, daß das Gußjahr in drei Schriftarten angebracht wurde: Man sieht gotisierte, römische und arabische Zahlen. Ob es sich um ein Werk des jungen Vischer handelt, ist nicht gewiß. Nach der Reformation wurde die Kapelle für Andachten nicht mehr genutzt; allmählich verfiel sie. 1960 nahm sich der in Stolberg lebende Maler und Grafiker Bernhard Langer des gotischen Bauwerkes an und gestaltete das Innere zu einer Gedenkstätte für die Opfer der beiden Weltkriege um.

Marienkapelle oberhalb der Stadtkirche

Das Schloß

Es gibt verschiedene Möglichkeiten, zu jenem Bauwerk hinaufzusteigen, das - um in Luthers Bild zu bleiben - der „Kopf" von Stolberg ist und seit dem frühen Mittelalter das Antlitz der Harzstadt so eindrucksvoll prägt. Wir entscheiden uns für den Zugang über den Schloßberg, der an dem auffälligen Eckhaus, das Kupfers Gasthaus beherbergt, beginnt. In dieser bevorzugten Lage wohnten einst die gräflichen, später die fürstlichen Beamten, was dem Hirschwappen am Balkon des Hauses Nummer 9 seine Berechtigung gibt.

Das Haus Nummer 5 ist von literarischem Interesse. Hier lebte und arbeitete der gräfliche Hofbuchdrucker Erhardt, in dessen Haus 1724 auch der nach Stolberg übersiedelte Schriftsteller Johann Gottfried Schnabel einzog. Hinter einem der Fenster dürfte er den größten Teil seiner mehrbändigen Robinsonade geschrieben und die „Stolbergische Sammlung neuer und merkwürdiger Weltgeschichte" redigiert haben. Von 1889 bis 1890 lebte mit Otto Erich Hartleben ein anderer Schriftsteller im Dachgeschoß des Hauses, dessen an Stolberg-Bezügen reicher Novellenband „Vom gastfreien Pastor" ein großes Publikum zum Schmunzeln gebracht hatte. (Mehr dazu im Kapitel „Stolberger Köpfe".) „Denke dir ein Haus, das mit seiner Rückseite ganz am Berge liegt und zu dem ich von der Chaussee, die zugleich die einzige Straße von Stolberg bildet, direkt auf Treppen von insgesamt 268 Stufen am Berge in die Höhe steigen muß!" berichtete der Vierundzwanzigjährige im Frühling 1889 seiner Liebsten, und in anderen Briefen aus Stolberg schwärmte er immer wieder von dem herrlichen Ausblick aus dem Fenster seiner am Schloßberg gelegenen Wohnung: „...tief unter mir die Dächer des Städtchens - schwarze Schatten, zwischen denen das Rauschen des schnellfließenden Waldwassers herauftönt, und gegenüber - geradeaus das mondbestrahlte, tannengezackte Profil eines hohen Berges - schneidend kalte, aber berauschend frische Luft weht herüber, und der Mond tritt langsam hinter dem aus der Tiefe spitz aufragenden Kirchenturm hervor..." Angesichts solch idealer Voraussetzungen mußte einer - so er es noch nicht war - zwangsläufig Dichter werden.

Dem Haus gegenüber befindet sich die bereits erwähnte Marienkapelle von 1477. Zu dieser Zeit stand auch schon der Vorgängerbau des zurückgesetzten und auf eine grundlegende Restaurierung wartenden Gebäudes, dessen einstige Bedeutung sich erst erschließt, wenn man alte Stadtansichten zur Hand nimmt oder das stadtseitige Mauerwerk, hinter dem sich drei übereinanderliegende Kellergewölbe verbergen, genauer betrachtet. Als Wohnhaus des Schloßgeistlichen errichtet, war die „Nydecke" von 1491 an „Canzley", Gästehaus und Münze. Und in dem gekürzten Rundturm am Berg, heißt es, sei früher sogar das Schießpulver aufbewahrt worden - in respektvollem Sicherheitsabstand zum Schloß darüber.

Dieses Schloß war bis 1945 der Stammsitz der Fürsten zu Stolberg-Stolberg. Als die Amerikaner im Juni auch diesen Teil des Harzes für die nachrückenden Sowjet-Truppen räumten, verließ die fürstliche Familie kurz vor der Übergabe das Schloß und flüchtete in die Westzone. Zur Evakuierung hatte das mit den Stolbergern verwandte englische Königshaus buchstäblich im letzten Moment noch einige Militärfahrzeuge nach Stolberg beordert. Mit Wertgegenständen und Erinnerungsstücken beladen und mit der winkenden Fürstenfamilie auf der Ladefläche des letzten Fahrzeuges, fuhr der britische Lastwagenkonvoi durch die Rittergasse und über den Markt, während russischsprechende Soldaten bereits in der Neustadt standen.

Der übriggebliebene Besitz des Fürstenhauses wurde nun in - wie es hieß - Volkseigentum überführt. Die Ländereien, Wald und Ackerland, gehörten entweder fortan zum Staatsforst oder fielen unter das Gesetz zur Bodenreform, wurden also zunächst unter Flüchtlingen, Vertriebenen und Landarmen aufgeteilt. Das Stolberger Schloß sah in der Folgezeit verschiedene Nutzer. 1951 wurde es Erholungsheim der Lehrergewerkschaft, von 1954 an hieß es FDGB-Ferienheim „Comenius". Ein Ferienkomplex blieb es noch bis zum Ende der DDR. Danach ging es in Treuhandbesitz über.

Die im Einigungsvertrag festgeschriebene Rechtslage gestattete es dem in Brüssel lebenden Sohn des letzten in Stolberg residierenden Fürsten allerdings nicht, das väterliche Erbe nach 1990 zum Nulltarif zu übernehmen. Die Summen für den Kauf einer so umfangreichen Schloßanlage und die Kosten für deren erforderlichen Umbau sowie deren notwendigen Restaurierung, ahnt man, können heutzutage aber auch Fürsten nicht mehr so ohne weiteres aufbringen. Dann schon eher ein nicht an Traditionen gebundener Unternehmer. Ein solcher, aus dem Hessischen stammend, ist seit 1993 der „bürgerliche" Besitzer des Stolberger Schlosses. Das von der Treuhand veräußerte historische Bauwerk soll, so war anfangs unter anderem zu hören, zu einer Hotelanlage für gehobene Ansprüche ausgebaut werden. Eine der mit dem Kauf verbundenen Verpflichtungen für den neuen Eigentümer war, die Hauptattraktionen fachgerecht zu restaurieren und dabei den Charakter des Denkmals zu wahren. Seither ist wenig geschehen und die Sorge um das den Ort prägende Bauwerk treibt nicht nur die Stolberger um. Besichtigungen sind vermutlich auch in absehbarer Zeit noch nicht wieder möglich.

Die Anlage, wie sie sich heute so würdevoll über der Stadt erhebt, ist das Ergebnis größerer Umbauten des 16. und 17. Jahrhunderts. Zwischen 1539 und 1547 wurde die alte Kernburg im Stile der Renaissance verändert. Von dem kastellartigen Vorgänger, der zur Bergseite hin durch einen mächtigen Bergfried und stadtseitig durch eine zwischen zwei Rundtürmen errichtete Schildmauer geschützt war, blieb wenig erhalten. Nur der nordöstliche Turm und der Wohnturm (Uhrenturm) wurden in die Umgestaltung einbezogen. Der zum Kalten Tal hin liegende Flügel ist demnach der älteste Teil der Anlage. Aus der Zeit des Umbaus zum Renaissanceschloß stammt wohl auch der Südwesttrakt auf der anderen Seite des Hofes. Hingegen dürfte der diese beiden alten Baukörper verbindende Südostflügel nach 1690 völlig neu gestaltet worden sein. In Sachsen hatte das „Augusteische Zeitalter" begonnen, und die Lust an Barockem war auch in den Stolberger Grafen geweckt worden. Die Türme erhielten ihre zeitgemäßen Hauben, und im Inneren waren unter anderem berühmte italienische Stukkateure am Werk. Der Blaue Saal wurde mit Temperagemälden des aus einer sächsischen Malerfamilie stammenden Samuel Blütner geschmückt. Blütner arbeitete seit 1703 im Schloß; Franz April vollendete das Werk im Jahre 1710. Die in die Stuckfelder eingefügten Wappendarstellungen und Szenen aus der antiken Mythologie entsprachen dem Geschmack der Zeit und verfehlten ihre Wirkung auch auf spätere Betrachter nicht.

Als eine weitere Kostbarkeit des Stolberger Schlosses muß der Rote Saal (Foto S. 37) genannt werden. Die Innendekoration hatte Karl Friedrich Schinkel in den Farben Schwarz, Rot, Gold entworfen. Auch das Mobiliar für den repräsentativen Saal wurde

Schloß Stolberg

nach Schinkels Skizzen geschaffen und gehört zu den wenigen Unikaten, die den Baumeister des Klassizismus als Innenarchitekten ausweisen. Manches an dieser Inneneinrichtung erinnert an das Palais, das Schinkel 1827/28 für den Prinzen Karl in Berlin entworfen hatte. Der Adler zeigt Präsenz. Kein Wunder, war man doch seit einigen Jahren bereits preußischer Untertan.

Graf Joseph (1771-1839), der Erbauer des Schinkelkreuzes auf dem Auerberg, kam im Jahre 1815 an die Regierung. Da war er 44 Jahre und dürfte schon einiges gesehen und kennengelernt gehabt haben. Darunter natürlich die preußische Metropole und Karl Friedrich Schinkel. Auch Sohn Alfred (1820-1903), der Erbauer des zweiten und gleichfalls an Schinkels Entwurf orientierten Kreuzturmes, hielt sich in Berlin auf, wo er Beziehungen zu den Humboldts, zu Bettina von Arnim und zu der Schriftstellerin Ida Hahn-Hahn unterhielt.

Die Schloßkapelle weist keinen Schinkelbezug auf. Sie entstand 1357. Graf Johann Martin ließ 1667 einen Alabasteraltar errichten, den die Statuen des Johannes und

Der blaue Saal im Schloß

des Moses flankieren. Das von Cranach d.Ä. gemalte Bildnis „Christus am Kreuz" schmückte bis 1945 den sakralen Raum. Die Auffassung des Mittelalters, daß man ein gottgefälliges Werk vollbringt, so man das Böse (in welcher Gestalt auch immer) bekämpft, wurde im Stolberger Schloß auf etwas ungewöhnliche Weise umgesetzt: Direkt unter dem Altar befindet sich nämlich noch heute ein in den Felsen gehauener Zwei-Etagen-Kerker, in dem in früherer Zeit die Delinquenten schmachteten, während man darüber fromme Lieder anstimmte.

In der Kapelle betete auch jene trübsinnige Prinzessin Sophie Eleonore (gest. 1745), die damit begonnen hatte, einen aus 40 000 Leichenpredigten bestehenden Schatz zu sammeln. Die Herzog-August-Bibliothek zu Wolfenbüttel verwahrt den größten Teil dieser Predigten, die eine wertvolle Quelle für die mittelalterliche Forschung darstellen, da jede von ihnen eine aufschlußreiche Lebensbeschreibung der verstorbenen Person enthält.

Ein noch bedeutenderer Schatz befand sich während des 16. Jahrhunderts vorübergehend im Schloß. Die Quedlinburger Äbtissin Anna II. von Stolberg hatte sich nach der Auflösung der Klöster auch jener Kostbarkeiten angenommen, die wir heute als „Quedlinburger Domschatz" kennen, und dessen Entdeckung und „Heimführung" aus Texas im Jahre 1990 weltweit für allerlei Wirbel gesorgt hatte. Anna II. brachte den Schatz vor dem sächsischen Kurfürsten und dem Kaiser in Sicherheit und deponierte ihn beim Bruder im Stolberger Schloß. Das unschätzbare Samuhel-Evangeliar und der Bartkamm Heinrich I. in Stolberg - eine erregende Vorstellung, auch nach einer so langen Zeit!

Die Niedergasse

Der Saigerturm am Anfang der Niedergasse bewahrt die Erinnerung an jene Epoche, in der die Schmelzöfen im Tale rauchten und das Stolberger Hüttenwesen in voller Blüte stand. Das Verb „seigern" meint ja nichts anderes als das Herauslösen des Erzes aus einer Verbindung. Da sich noch 1496 in der Nachbarschaft eine Hütte befand, „darinnen allerhand ehern Werk gegossen" wurde, kam der Turm am Markt nicht grundlos zu diesem Namen. Das Bauwerk stammt aus dem 13. Jahrhundert, aus jener Zeit also, da Stolberg das Stadtrecht verliehen bekam. Der obere Turmteil wurde 1832 abgetragen und erneuert.

„Hic natus est Thomas Muenzer" ist in den Türbalken des zurückgesetzten Hauses Nummer 2 eingeschnitzt, und eine Tafel weist darauf hin, daß der Führer des Bauernaufstandes von 1524/25 hier geboren wurde. Das Geburtshaus selbst existiert nicht mehr. Es zählte zu den ältesten Gebäuden der Stadt, fiel jedoch 1851 einem Brand zum Opfer. Hinter dem Haus tritt die am Saigerturm unterirdisch vorbeifließende Wilde wieder ans Licht. Sie vereinigt sich mit der aus der Rittergasse kommenden Lude und fließt am Ende der Stubengasse als Thyra weiter. Der Name der Gasse hat übrigens nichts mit den niedrigen Fenstern zu tun, durch die man den Bewohnern bequem in die Stube und auf den Tisch blicken kann. Er rührt von den Badestuben her, die sich hier während des Mittelalters befanden.

Steinerne Portale wie am „Café Rudolphi" findet man in der Fachwerkstadt Stolberg in dieser Form kein zweites Mal. Das mit reicher Ornamentik geschmückte Sitznischenportal am Haus Nummer 3 stammt aus der Renaissancezeit. An den Seiten befinden sich die Porträtbüsten des bärtigen (damaligen) Besitzers und seiner Frau. Die beiden wirken nach fast fünfhundert Jahren und trotz der abgeschlagenen Nasenspitze der Frau sowie einer fehlenden Gesichtshälfte des Mannes so harmonisch auf den Betrachter, daß man annehmen muß, im 16. Jahrhundert gab es in Stolberger Ehen nie Streit. Mit diesem Teil der Niedergasse besitzt Stolberg sein Nadelöhr. Und es hat zuweilen schon Unterhaltungswert, wenn der Fahrer eines hochgerüsteten Reisebusses mit eingeklappten Seitenspiegeln wieder und wieder vom Markt her die Durchfahrt am Saigerturm probiert, sich in beiden Richtungen die Fahrzeuge stauen und nichts mehr gehen will.

Bemerkenswert ist auch das Haus Nummer 6. Die Vorkragungen an der hohen Fassade lassen eine Datierung vor 1530 zu. Im oberen Teil ist das Fachwerk in Kreuzfriesform angeordnet. Den Türbalken schmücken die Jahreszahl der Erbauung und zwei gekreuzte Schwerter mit einer Krone, was den Schluß nahelegt, daß der Bauherr der Gilde der Stahl- und Waffenschmiede angehörte. Im unteren Teil des Hauses wurde später ein Laden eingerichtet. Dort befindet sich noch heute eine stattliche tragende Eichensäule von 1527, in der kein Nagel halten will. Als vor wenigen Jahren ein neuer Umbau vorgenommen werden mußte, holten die Bauleute extra Kuhmist von einem Biobauernhof, vermischten ihn mit Spreu und Lehm und drückten die entstandene Masse in das alte Geflecht, wie es die fachgerechte Behandlung eines solchen Bauwerkes nun einmal verlangt.

Interessante Balkenverzierungen entdeckt man am Haus gegenüber (Nr. 7) und an der Nummer 10. Wenn die Eigentümerin des farbenfrohen Letzteren mit ihrem Wäschekorb winters auf den Trockenboden hinaufsteigt, geht sie über zwei im Estrich verewigte Kinderfußabdrücke und die Jahreszahl 1810. Das Gebälk über dem Laden und die noch sichtbare frühere Toreinfahrt verweisen aber auf eine viel ältere Hausgeschichte.

Hinter der Kurve stoßen wir auf ein Haus (Nr. 16) mit einer bedenkenswerten Spruchzeile am Gebälk. So sich der Besitzer (der mit 1,71 Metern das durchschnittliche Körpermaß für männliche Stolberger nicht unterschreitet) zufällig aus einem der oberen Fenster lehnt, wird man sich eine ungefähre Vorstellung von der geringen Höhe der Räume im Obergeschoß machen können, und man ahnt, daß es dort nicht einmal möglich sein wird, selbst eine sehr zierliche Frau auf den Schultern durchs Zimmer zu tragen, ohne ihr Schaden zuzufügen.

Schräg gegenüber erhebt sich das nach dem Rathaus wohl fotogenste Gebäude der Stadt. Das Haus Nummer 19 wurde 1535 von dem Bürger- und Münzmeister Kilian Keßler „mit gots hilfe gericht". Um alle Details auf sich wirken zu lassen, muß man schon auf der anderen Straßenseite bleiben, weit zurücktreten und den Kopf in den Nacken legen, damit einem bloß nichts entgeht. Die Fächerrosette, das bestimmende Schmuckelement der nachgotischen Zeit, ist hier vollendet ausgeführt worden. Balkenschilde und geschmückte Knaggen reichen bis zur Traufe hinauf. Schön ausgebildet ist auch die

41

Renaissance-Portal am Haus Niedergasse 3

Variationsreiche Felder am Fachwerkhaus Niedergasse 24

◄ Saigerturm am Beginn der Niedergasse

eingefaßte doppelte Schiffskehle. Dieses dekorative Element stellt die Verbindung zwischen den Balkenköpfen her. Da die Kehlen an ein kieloben liegendes Schiff erinnern, lag die Namensgebung nahe. An der Fassade entdeckt man das in Stolberg seltene Flechtband, mit dem Unheil abgewendet werden sollte. Eine Besonderheit ist der auf geschmückten Konsolen ruhende Fachwerkerker, der über dem dritten Stockwerk als Dacherker aus dem steilen Satteldach tritt. An diesem Haus stimmen die Proportionen. Man könnte es sich nicht anders als mit diesen Stolberger Acht-Scheiben-Fenstern vorstellen. Gut zu sehen ist auch noch eine andere Stolberger Fassadenbesonderheit: die aus dem Balken gearbeiteten Stützknäufe, auf denen die Knaggen aufsitzen und die in Stolberg noch an einem guten Dutzend weiterer, vor 1535 erbauter Häuser erhalten sind. Wer seine Kinder beschäftigen will, kann sie das von einem Pfeil durchbohrte Herz suchen lassen, das weniger auf einen Jäger, viel mehr auf einen verliebten mittelalterlichen Zimmermann hinweist.

In dem geräumigen Gebäude waren das Berglehnsamt, das Amtsgericht und das Fürstliche Konsistorium untergebracht. Heute lädt hier das Heimatmuseum zu einem Besuch ein. Und im Erdgeschoß kann man sich an historischer Stelle auch einen Überblick über das Münzwesen der hiesigen Grafen verschaffen. Die ausgestellte Münzwerkstatt besitzt ihres Alters und ihrer Vollständigkeit wegen Seltenheitswert und soll europaweit einmalig sein. Mit dem Hirsch geschmückte Brakteaten, allerlei Silber- und Kupfermünzen, Ausbeutetaler und zu verschiedenen Anlässen geprägte Gedenkmedaillen werfen ein Licht auf den Silberbergbau in der Grafschaft, dessen Erträge mit der Geldproduktion in engem Zusammenhang standen. Zu Beginn des 20. Jahrhunderts erschien ein umfassendes Werk über das Münzwesen und über die Medaillen des Hauses Stolberg, das auch derjenige mit Gewinn zur Hand nehmen wird, dem das Geld für die „echten Stolberger" fehlt.

Im Stockwerk darüber wird man in die Tiefe geführt und erfährt, wie diese angekippte Pultscholle Harz, wie der Auerberg und wie die Voraussetzungen für den Bergbau entstanden sind. Ein Modell führt vor, an welcher Seite des Großen Auerberges man die sogenannten Stolberger oder Auerberger Diamanten finden könnte, winzige Quarze, die aus dem älteren Porphyr herausgewittert sind. In anderen Räumen macht man Bekanntschaft mit der Pflanzen- und Tierwelt und mit den Berufen, die schon während des Mittelalters in der Stadt anzutreffen waren. In einer der Vitrinen sind der Kittel und die Ausrüstungsgegenstände des letzten Stolberger Kuhhirten ausgestellt. Bis zum Jahre 1960 trieb er vom Mai bis in den Herbst hinein die hiesige Herde mit ihrem schönen Geläut und zur Freude der Fremden durch die Gassen und in den Wald. Wenn es ihm gelang, den Austrieb bis zum Martinstag auszudehnen, bekam er als Dank von der kuhhaltenden Gemeinde einen neuen Hut. Aufschlußreich ist auch die dem Stolberger Fachwerkbau gewidmete Abteilung. Sie wird durch eine anschauliche Beispielsammlung im Hof ergänzt. Ein eigener Raum stellt die Biographie und das Wirken von Thomas Müntzer, den Bauernkrieg und die Reformation in den Mittelpunkt. Hier begegnet man auch den vier hölzernen Stelen wieder, die der Überlieferung nach aus einer Bohlenstube in Müntzers Geburtshaus stammen und die in die Gestaltung des Denkmals auf dem Marktplatz einbezogen worden sind. Nachbildungen der Insignien des „Ewigen Bundes Gottes" (das Zeremonienschwert und das Vortragekreuz), der Bundschuh als bekanntes Sinnbild der Aufständischen, die Waffen der Bauern und das „Handwerkszeug" des Scharfrichters lassen eine Zeit lebendig werden, in der die mittelalterliche Ordnung fast aus den Fugen geraten wäre. Unter den von Müntzer verfaßten Schriften, deren leidenschaftliche und bildhafte Sprache bis heute nichts von ihrer Wirkung eingebüßt hat, befinden sich auch die berühmte Fürstenpredigt zu Allstedt und der Sendbrief „an seine lieben Brüder zu Stolberg" aus dem Jahre 1523, mit dem er „unfuglichen auffrur" zu vermeiden gedachte.

In einem der Schaukästen ist Müntzers Gefangennahme in Frankenhausen dargestellt. 22 Briefe, die er bei sich trug, brachten die Landsknechte als hochgefährliches Beutegut zum Landgrafen Philipp nach Kassel. Was bei der Haussuchung im Mai 1525 in Mühlhausen gefunden wurde, kam in die Kanzlei des sächsischen Kurfürsten nach Dresden. Dort wurde der Nachlaß im Geheimen Archiv jahrhundertelang aufbewahrt. Als nun aber im Jahre 1949 Stalins 70. Geburtstag bevorstand, suchten die Genossen nach einem geeigneten Staatsgeschenk für den Generalissimus und ließen den Dresdner Müntzer-Nachlaß requirieren. So kommt es, daß diese wichtigen Scripturen und Schriften des berühmten Stolbergers heute weder im Harz noch in Dresden, dafür aber in Moskau liegen.

Auf der gleichen Etage existiert mit dem „Stolberg-Zimmer" seit 1992 noch ein Museum im Museum. Hier ist manches zusammengeführt, was sich einst in Stolberger Küchen, Wohn- und Arbeitsstuben befunden hat und dann auf Reisen ging. Ursprünglich waren diese Gegenstände in Steina, auf

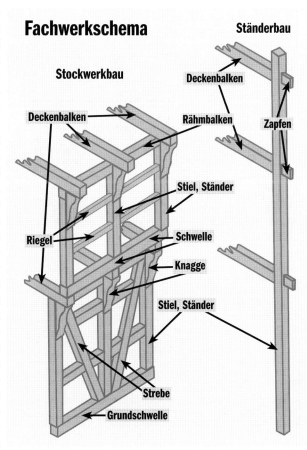

der anderen Seite des Harzes, aufbewahrt worden. Dort trafen sich die nach 1945 in den Westen verzogenen oder geflüchteten Stolberger Jahr für Jahr und tauschten Erinnerungen an die Heimat hinter der Grenze aus. Dabei halfen ihnen diese zusammengetragenen Dinge, die nun nach Stolberg zurückgekehrt sind und als ein Zeitdokument für sich betrachtet werden sollten.

Auch das neben dem ehemaligen Konsistorium gelegene Gebäude (Nr. 21) blickt auf eine lange Geschichte zurück und verdient, genauer betrachtet zu werden. Bei dem Eingeweihten löst das auf dem Firmenschild angebrachte Kürzel FRIWI angenehme Erinnerungen und vermehrten Speichelfluß aus. 1891 eröffnete der Namensgeber Friedrich Wilhelm Witte in seinem Elternhaus

Originale Münzwerkstatt im Heimatmuseum

Das ehemals fürstliche Konsistorium und heutige Heimatmuseum

eine Bäckerei und Konditorei. Sein Renner wurde der preisgekrönte runde Stolberger Sanitäts-Zwieback. Das Unternehmen expandierte. 1926 wurde in der Nr. 51 (Foto) das mit einer modernen Großofenanlage ausgestattete FRIWI-Werk eingerichtet, das zeitweise der wichtigste Arbeitgeber in dem industrielosen Städtchen war. 1972 zwangsverstaatlicht und 1990 reprivatisiert (nachdem zuvor mit „treuhänderischem" Geschick die Gebäckproduktion völlig stillgestellt worden war), führt der nunmehr kleine Familienbetrieb gut ein Jahrhundert mitteldeutscher Firmengeschichte vor.

Das Haus Niedergasse 24 ist um 1500 und damit schon einige Jahrzehnte vor dem Konsistorium erbaut worden. Das schöne Tor mit dem angeschnittenen Drudenfuß und dem halben Sonnenrad läßt noch

den gotischen Vorläufer erahnen. Es ist das einzige Haus in der Niedergasse, in das man von vorn mit dem Pferdewagen hineinfahren und das man bergseitig über eine Brücke wieder verlassen konnte. Auch dieses Bauwerk eignet sich vorzüglich als Studienobjekt für Fachwerkliebhaber, Historiker und Holzbauspezialisten. Betrachtet man nämlich die fünfzehn ausgeschmückten Felder genauer, dann wird man feststellen können, daß jedes auf eine andere Weise verziert worden ist. Kein Feld an der Fassade gleicht dem anderen; keine Schnitzerei, keine Linie wurde an einer zweiten Stelle wiederholt. In immer neuen Varianten begegnen uns das Fünf-, das Sechs-, das Achteck. Urheidnisches vermischt sich mit Religiösem. Und die zahlreichen Zunft- und Handwerkerzeichen, die gekreuzten Kurschwerter des Hauses Wettin, der schwarze Stolberger Hirsch, die auf die Wernigeröder Besitzungen verweisenden roten Forellen sowie weitere Wappenschilder und Details geben zu der Vermutung Anlaß, daß wir vor einem vormals wichtigen „amtlichen" Hause stehen, in dem auch Münzen geprägt worden sind. Wie anderen Fachwerkhäusern der Stadt sind auch diesem die Freude und die Mühen der heutigen Bewohner, ein solches Denkmal für die Nachwelt zu erhalten, gewissermaßen auf die Fassade geschrieben. Sehr ungewöhnlich ist das aus drei Hausankern (einem beliebten heraldischen Symbol) gebildete sternenähnliche Zeichen in der oberen Reihe. Betrachtet man die Figuren in der rechten oberen Ecke durchs Teleobjektiv oder durchs Fernglas, so erkennt man zwei wie Amtmänner wirkende Herren auf einer Schildknagge. Die beiden sind ein bißchen aufgekratzt, und man fragt sich natürlich sofort, was es an diesem Tag vor fast fünfhundert Jahren wohl so Erheiterndes in Stolberg zu berichten gegeben haben mag.

Dem heiligen Georg ist die zurückgesetzte Kapelle gegenüber geweiht. Im Jahre 1333 in einer Urkunde erwähnt, ist sie neben der Hauptkirche das älteste Gotteshaus der Stadt. Die Geschichte der Kapelle reicht allerdings noch weiter zurück. Neben ihr befand sich schon im Mittelalter das St. Georgenhospital. Jahrhundertelang diente es als kirchliches Altenheim. Die nach der Wende ent-

Kapelle St. Georg

standenen altersgerechten neuen Wohnungen knüpfen an diese soziale Tradition an. Die Kapelle wurde im 30jährigen Krieg zerstört und 1657 neu geweiht. Zweihundert Jahre später wurde abermals ein Neubau auf den alten Grundmauern erforderlich. 1994 legte man wiederum Hand an und ersetzte dabei auch die alten Bänke der Stolberger Winterkirche durch moderne Stühle. Vor der Hospitalkapelle befindet sich ein zwischen den beiden Weltkriegen aufgestelltes Gefallenendenkmal.

Ein paar Schritte weiter, noch vor dem „Haus Ehrenberg", stand bis zum Jahre 1824 das zweite Niedergässer Tor. Man kann sich gut vorstellen, wie eindrucksvoll es für den früheren Reisenden gewesen sein muß, wenn er durch dieses hinter der zweiten Stadtbrücke gelegene und mit den Wappen der Stadt und des Grafenhauses geschmückte Tor trat und hoch über den ineinander verschachtelten Dächern der Häuser die Silhouette des Schlosses erblickte. Heute stellt sich diese besondere mittelalterliche Atmosphäre hauptsächlich am Abend her, wenn die den Charakter der Stadt unterstützenden Laternen die Gassen stimmungsvoll ausleuchten und kein Fahrzeug mehr das Tal verläßt... Da würde es auch nicht verwundern, käme, entsprechend gewandet, fröhlich singend ein schwankender Ratsherr die Gasse herauf und riefe dem entgegenkommenden Fremden sein: „Wo witte denn hän? - Ach, blibb doch libber hier!" entgegen. Dieser wichtige Doppelsatz sagt genug aus über die Stolberger und über ihr Verhältnis zu Fremden, die sie ins Herz geschlossen haben. Man kann die Worte auch auf dem Deckenbalken im „Bürgergarten" wiederfinden. Jener gemütliche alte Gasthof, der heute ein Hotel-Restaurant ist, befindet sich am Fuße des Schweineberges und am Anfang des Thyratales. In der Nachbarschaft gibt es gleich drei Erinnerungssteine, die auf den ersten Blick nebensächlich erscheinen mögen. Der eine steht am Rande der Grünanlage und ist das erste Müntzerdenkmal der Stadt aus dem Jahre 1954. Waffenlos und die Regenbogenfahne vor der Brust ist da der Stolberger Prediger und Weltverbesserer dargestellt. Auf der Metalltafel des zweiten, eines Obelisk am Rande des Weges, wird vorgeführt, wie sich das skandinavische Inlandeis während des Quartärs über Stolberg und über die spätere DDR ausgebreitet hatte. Eine kuriose Hinterlassenschaft aus den Siebzigern, bei der eine vor zwei Millionen Jahren einsetzende erdgeschichtliche Veränderung und die deutsche Nachkriegsentwicklung auf einer Platte zusammengeführt worden sind, die inzwischen schon wieder selbst ein neuere Zeitläufte wiederspiegelndes Denkmal geworden ist. Vor dem Haus Niedergasse 119 befindet sich das dritte und aktuellste „Denkmal" der Stadt. Es besteht aus zwei aufrecht stehenden Granitbordsteinen, die den Eingeweihten daran erinnern, daß Stolberg als einer der ersten Orte Sachsen-Anhalts seine Energie- und Abwasserprobleme auf bundesdeutschen Standard gebracht hat. Selbstredend mit tatkräftiger Unterstützung von außerhalb, man weiß das. Weil sich dieses denkwürdige Ereignis aus den vergoldeten Buchstaben der Sonnenuhr am Rathaus nicht herauslesen läßt, hat man zur Erinnerung 1992 diesen Denk-Stein aufgestellt. Die daran angebrachte Aufschwung-Ost-Tafel hat etwas Anrührendes, und sie dürfte landauf, landab einmalig sein wie so vieles, was uns begegnet ist, während wir versuchten, das romantische alte Stolberg mit Luthers Augen zu betrachten ...

Stolberger Köpfe

In dem kleinen Stolberg wurde eine Reihe von Persönlichkeiten geboren, die zum Teil beachtliche Spuren hinterlassen haben und in keinem guten Brockhaus fehlen sollten. Hinzu kommen jene, die einige Zeit in der Stadt gelebt haben und aus deren Biographie Stolberg nicht mehr zu streichen ist.

Der bekannteste Stolberger ist fraglos der am 27. Mai 1525 vor den Toren von Mühlhausen geköpfte und gespießte **Thomas Müntzer**. Er studierte in Leipzig und Frankfurt/Oder Theologie. Der Eintrag vom Oktober 1508 in der Leipziger Universitätsmatrikel ist der erste schriftliche Hinweis, auf dessen Grundlage Müntzers mögliches Geburtsjahr ermittelt wurde. Zunächst ein Anhänger Luthers und von diesem unterstützt, wandte er sich später in scharfen Reden gegen den Wittenberger und vertrat ein radikales Christentum. Sowohl in der Kirche als auch im Staat sah Müntzer das Wirken des Antichristen, dem es zu wehren galt. Das irregeführte und von Abgaben erdrückte Volk war für ihn der "Bund der Auserwählten", der als solcher das Schwert ergreifen, alles Übel vernichten und das Gottesreich auf Erden errichten durfte. Der gemeine Mann wurde zum Widerstand gegen eine ungerechte Ordnung ausdrücklich ermuntert. Am Ende standen 30 000 Aufständische unter Waffen. Den Sieg bei Frankenhausen trug das Heer der Fürsten davon. 8 000 Bauern blieben auf dem Schlachtfeld am Fuße des Kyffhäusers zurück. Müntzer wurde gefangengenommen. Die Rache der Obrigkeit zeigte, wie sehr sie dieses Aufbegehren in Unruhe versetzt haben mußte. Später wurde Müntzer verteufelt oder totgeschwiegen. Nicht einmal ein authentisches Bildnis blieb erhalten. Erst vor einhundert Jahren begann eine Auseinandersetzung mit der Person und ihrem Werk. Da sich auch Friedrich Engels Müntzers angenommen und ihn als geistigen Führer einer ersten frühbürgerlichen Revolution gewürdigt hatte, lag auf der Hand, daß der geköpfte Stolberger nach dem Zweiten Weltkrieg im kleineren deutschen Teilstaat zu beachtlichen Ehren kommen mußte. Straßen wurden nach ihm benannt, Plätze, Schulen und Schächte. Als sich auch die privaten Fleischer in Stolberg zu einer Genossenschaft zusammenschließen mußten, nannten sie ihre PGH "Thomas Münzer". Allerdings ohne das "t". Auch Fleischer haben ihren eigenen Kopf.

An einer anderen Auseinandersetzung des 16. Jahrhunderts war (wenn auch nur indirekt) eine Tochter des Grafen Botho III. beteiligt. **Juliana von Stolberg** (1506-1580) hatte 1531 in zweiter Ehe den Grafen Wilhelm von Nassau-Dillenburg geheiratet. Zwei Jahre später wurde ein Sohn geboren, der als Wilhelm von Oranien und Befreier der Niederlande in die Geschichte einging. Auf den Punkt gebracht: Ohne die wackere Stolbergerin hätte es keine Befreiung der Niederlande und nie einen Goetheschen "Egmont" geben können. Das macht die Ergriffenheit, mit der niederländische Touristen und ältliche Goetheverehrer durch Stolberg gehen, schon verständlich.

1519 wurde **Johann Schneidewind** in Stolberg geboren. Im Alter von elf Jahren kam er nach Wittenberg und wohnte zehn Jahre in Luthers Haus, wo er "recht väterliche Liebe genossen". Schneidewind lehrte später als Professor an der Universität, veröffentlichte wesentliche Rechtswerke und gehörte zu

 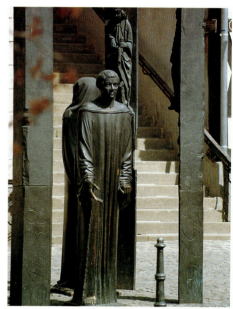

Thomas-Müntzer-Denkmale in der Niedergasse (links) und auf dem Marktplatz

den wichtigen Männern der Reformation. Als er starb, bestattete man ihn in der Wittenberger Schloßkirche: Ein Stolberger zu Häupten von Melanchthon und Luther. So stellt man sich das vor.

In diesem Jahrhundert der Auf- und der Umbrüche kam **Johannes Thal** (1542-1583) nach Stolberg. Der in Erfurt als Sohn eines Geistlichen Geborene besuchte die Klosterschule zu Ilfeld, wo er der Lieblingsschüler des Humanisten und Rektors Neander wurde. Von 1572 bis 1581 war Johannes Thal, der in Jena Medizin studiert hatte, als Hofmedicus und Stadtphysikus in Stolberg tätig. Nebenher stieg er auf die Berge und durchstreifte die Wälder; er beobachtete, sammelte, zeichnete und beschrieb, was da vor seinen Füßen aus Erde und Felsen sproß. In seinem Herbarium tauchen als Fundorte vor allem Stolberg und Ilfeld auf, dann erst die Gegend um Gernrode und Wernigerode sowie der Brocken. Häufig findet man Angaben wie: „pratum (Wiese) Hainfeldicum", „Stolbergus vetus" (Alter Stolberg bei Rottleberode), "vor allem um Stolberg", "auf einem Berge dicht bei der Stadt" oder "fürm kalten thale". Johannes Thal legte in Stolberg ein Verzeichnis der im Harz vorgefundenen Pflanzen an, von denen er viele erstmals beschrieb. 1577 schickte er das Manuskript seinem Freund, dem Stadtarzt Joachim Camerarius in Nürnberg, der das Verzeichnis fünf Jahre nach Thals Tod mit Holzschnitten illustrieren und drucken ließ. Diese 1588 erschienene "Sylva Hercynia" ist vermutlich die älteste Flora der Welt und brachte dem Wahl-Stolberger den Ruf eines "Vaters der Floristik" ein.

Ein Pflanzenkenner war auch **Johannes Andreas Auge** (1711-1805). So mancher Welt-

Das Schneidewindsche Haus im Reichen Winkel

reisende wäre wohl krank und zahnlos nach Europa zurückgekehrt, und manches wissenschaftliche Werk über die Botanik des südlichen Afrika wäre nie verfaßt worden, hätte es am Kap der Guten Hoffnung nicht diesen vortrefflichen Gärtner aus Stolberg gegeben. An der Universität im holländischen Leiden hatte sich Auge mit der Botanik befaßt, trat dann in den Dienst der "Holländisch-Ostindischen Kompanie" ein und ging 1747 nach Kapstadt, wo ihn der Gouverneur seiner ausgezeichneten Kenntnisse wegen schon bald zum Obergärtner des Kompaniegartens am Tafelberg ernannte. Seit einhundert Jahren versorgte diese einzigartige Anlage Schiffsbesatzungen und Ansiedler mit Frischgemüse. Über fünfundzwanzig Jahre war Johannes Andreas Auge der Gärtner vom Tafelberg und erweiterte die Anlage zu einem, wie der Weltumsegler Georg Forster schrieb, "reitzenden Lustort". Dank der mehr als 18 Expeditionen, die Auge ins Landesinnere unternommen hatte, besaß er großartige Sammlungen von unbekannten Pflanzen, Samen, Insekten und Vögeln. Manches davon gelangte nach Europa und ging in wissenschaftliche Veröffentlichungen über das südliche Afrika ein. Auge war eine bedeutende Autorität, die man als Wissenschaftler und Weltreisender unbedingt aufgesucht haben mußte. „Unter anderem besuchte ich den Gärtner Auge, der viel große Reisen in das Innere des Landes unternommen und alle Pflanzen und Insekten gesammelt hatte, die der verstorbene Gouverneur Tulbagh dem Archiater Linné (wie auch anderen Professoren) schickte", schrieb der schwedische Botaniker und Linné-Schüler Karl Peter Thunberg, der 1772 zum Kap gekommen war. Wie andere vor ihm, hatte auch er den Meistergärtner aus Stolberg für seine Expeditionen engagiert. Thunberg, den man später den "Vater der südafrikanischen Botanik" nannte, wußte, was er und was die Wissenschaft Johannes Andreas Auge zu verdanken haben und nannte dem Stolberger zu Ehren eine Gattung Karrupflanzen "Auges capensis". Auge starb fünfundneunzigjährig in Afrika. Eine Straße in Swellendam trägt seinen Namen, und im alten Garten der Kompanie erinnert die Tafel eines mächtigen Gelbholzbaumes daran, daß sein Gärtner Johannes Andreas Auge war.

Im Jahre 1724 kam **Johann Gottfried Schnabel** nach Stolberg, um hier fortan als Hofbalbier, Lotteriebetreiber, Zeitungsherausgeber, gräflicher Kammersecretarius und Autor zu leben. Schnabel wurde 1692 als Sohn eines Geistlichen in Sandersdorf bei Bitterfeld geboren. Nach dem frühen Tod der Eltern besuchte er die Latina der Franckeschen Stiftungen in Halle und absolvierte danach vermutlich eine Ausbildung als Balbier und Wundarzt. Seine mehrjährige „Gesellenzeit" verbrachte er als Feldscher. Als solcher nahm er an den niederländischen Feldzügen des Prinzen Eugen teil. Via Querfurt, wo er sich 1719 als Balbier niederließ und heiratete, kam er - die Beweggründe sind bislang noch nicht erforscht - in die Residenz der Stolberger Grafen. Er erwarb die Bürgerrechte und lebte wenigstens zwei Jahrzehnte in dem enggassigen Harztal.

In Stolberg entwickelte sich Schnabel zu einem der bedeutendsten Schriftsteller der Frühaufklärung. Von 1731 an gab er seine Zeitung "Sammlung neuer und merkwürdiger Weltgeschichte" heraus. Im gleichen Jahr erschien in Nordhausen der erste Band einer 1743 vollendeten vierteiligen Robinsonade, die ein Bestseller wurde und in keinem bürgerlichen Bücherregal fehlte. Die "Wunderliche Fata einiger See=Fahrer, absonderlich Alberti Julii, eines geborenen Sachsen", der achtzehnjährig zur See fuhr, Schiffbruch erlitt und schließlich ein paradiesisches Land entdeckte, wo er sich "daselbst mit seiner Gefährtin verheyrathet" (so der etwas umständliche Titel) traf das Zeitgefühl der Leserschaft. Inmitten des Ozeans ließ Schnabel ein neues Gemeinwesen entstehen, in dem Besitz keine Rolle spielte, und das brüderliche Miteinander die Grundlage für eine utopische Gesellschaft von Europamüden wurde.

Daß der Autor (der noch andere Werke geschrieben hat) diesen Roman in Stolberg ersann, ist bemerkenswert und könnte das Harztal zu einem "Mekka der Schnabelianer" werden lassen. Die dem Werk beigegebenen phantasievollen Karten und Grundrisse der Insel-Republik „Felsenburg" (Maßstab in „teutschen Meilen") läßt die Handschrift des gleichaltrigen gräflichen Baumeisters, Wissenschaftlers und Kartographen Johann Friedrich Penther vermuten, der von 1720 an im gräflichen Bergdienst stand, 1736 als Professor für Mathematik und Ökonomie nach Göttingen ging und 1732 sein Hauptwerk „Praxis Geometriae" veröffentlicht hatte. Darin sind nun auch exakte Pläne von Stolberg enthalten, die einem, wenn man die „Wunderliche Fata" zur Hand nimmt, wie gute Bekannte erscheinen müssen.

Zu Beginn des vergangenen Jahrhunderts gab Ludwig Tieck Schnabels Hauptwerk in einer gestrafften Fassung und unter dem Titel "Insel Felsenburg" neu heraus. Später geriet der Autor in Vergessenheit und war fast nur noch Germanisten bekannt. Anläßlich des 300. Geburtstages am 7. November 1992 fand eine vielbeachtete Ehrung im Stolberger Schloß statt, zu der sich auch der in Belgien lebende Jost Christian Fürst zu Stolberg-Stolberg und Vertreter der fürstlichen Familie einfanden. Am gleichen Tag wurde die Johann-Gottfried-Schnabel-Gesellschaft gegründet. Sie hat ihren Sitz in Stolberg und will das Leben und das Werk des Schriftstellers erforschen und einer größeren Öffentlichkeit nahebringen. Die Gesellschaft gibt Schriften und Jahrbücher heraus und trifft sich jährlich um Schnabels Geburtstag herum in Stolberg.

Der Ort beherbergte noch einen zweiten Bestsellerautor. Von 1889 bis zum Sommer 1890 lebte der 1864 in Clausthal geborene **Otto Erich Hartleben** in der Stadt. Hartleben gehörte zur literarischen Avantgarde des ausgehenden 19. Jahrhunderts und war mit Gerhart Hauptmann, Max Halbe und Frank Wedekind befreundet, mit Julius Bierbaum, Peter Hille und natürlich mit Samuel Fischer, dem großzügigen Förderer und Verleger in Berlin. Nach Stolberg kam er, um als Referendar am hiesigen Amtsgericht zu arbeiten. Der trinkfreudige Hartleben (er wurde nur 40 Jahre alt) verkehrte am Stammtisch im Hotel "Eberhardt" in der Niedergasse, und mit diesem Tisch und mit diesem Hotel haben einige seiner erfolgreichsten Texte zu tun. So zählt die im Stolberger Milieu spielende Geschichte "Vom gastfreien Pastor" zu den amüsantesten Prosaarbeiten des Dichters und Dramatikers. Das Werk, 1895 bei S. Fischer in Berlin verlegt, erschien 1912 bereits in 30. Auflage.

Nicht unerwähnt bleiben sollte, daß auf dem hiesigen Schloß der spätere **Graf Christian Günther** (1714-1765) geboren wurde. Weil es ihm nach dem Tode des Vaters nicht angenehm war, die Grafschaft Stolberg mit seinem älteren Bruder gemeinsam zu regieren, begab er sich 1738 in dänische Dienste. Er begründete in Norddeutschland eine stolbergische Nebenlinie. Als Berater und Hofmarschall der Königin Sophie Magdalene bewirkte er das Aufheben der Leibeigenschaft auf ihren Gütern. Noch heute erinnert eine Gedenksäule der Hirschholmer Bauern bei Kopenhagen an diesen für Dänemark folgenreichen Akt.

Graf Christian Günther ist der Vater der mit Klopstock, Bürger und Goethe befreundeten Dichterbrüder Friedrich Leopold und Christian zu Stolberg. Diese unternahmen mit Goethe die berühmte Reise in die Schweiz. Ihre Schwester Auguste wurde die Vertraute des Dichters, und die Briefe, die der junge Goethe an sein „Gustgen" nach Uetersen schrieb, gehören zu den schönsten Dokumenten aus jener Zeit. Um so beschämender, daß der Dichter die inspirierenden Bögen der schwärmerisch veranlagten Auguste zu Stolberg in späteren Jahren in seinem Weimarer Kamin verbrannte. Seine Briefe hingegen wurden aufbewahrt und erschienen erst jüngst wieder in einer neuen Ausgabe.

Zu ergänzen wäre, daß in und um Stolberg auch der Musik und der Malerei zugetane Persönlichkeiten das Laufen gelernt haben. Im nahen Rottleberode wurde 1779 **Johann Heinrich Strohmeyer** geboren. Seiner vortrefflichen Stimme wegen holte ihn Herzog Karl August 1805 ans Hoftheater nach Weimar. Der Baß aus dem Thyratal, der es bis zum Oberdirektor des Theaters brachte, war für einige Jahre gemeinsam mit der Jagemann die wichtigste Stütze des Weimarer Ensembles. In einschlägigen Biographien der Goethezeit taucht sein Name immer wieder auf. Stro(h)meyer starb am 11. November 1840 und wurde auf dem Alten Friedhof zu Weimar begraben.

Sieben Jahre später wurde in Stolberg **Johann Friedrich Theodor Gänsehals** geboren, der unter den Namen Carl Gänschals und Espen in Leipzig flotte Salonmusiken für Piano komponierte. Über 450 Werke sind bekannt. Gänschals starb 1906 in Leipzig.

In der Mühle neben dem Rittertor wuchs der 1860 geborene **Richard Thierbach** auf. Er studierte Malerei in Weimar und Berlin und lebte in München, ehe er 1897 für immer in seine Heimatstadt zurückkehrte. Stolberg und der Harz blieben Thierbachs großes Thema. In Muthers "Geschichte der Malerei des 19. Jahrhunderts" kann man deshalb nachlesen: "Thierbach, in seiner schlichten Einfachheit an Thoma gemahnend, hat namentlich im Harz schöne Dinge entdeckt". Seine Landschaftsbilder wurden von Galerien zwischen Halle, Hamburg, München und Boston angekauft. Und selbst Zar Ferdinand von Bulgarien soll unter einem echten Thierbach gesessen haben.

1875 kam **Hermann Karl August Röbbeling** als Sohn eines Steinhauers in Stolberg zur Welt. Er besuchte die polytechnische Schule zu Leipzig, entschied sich dann aber für den Schauspielerberuf. In Leipzig, Krefeld, Mannheim und Gotha stand er auf der Bühne und sammelte auch erste Erfahrungen als Regisseur. Von 1915 an leitete er das Hamburger Thalia-Theater; nach der Zusammenführung mit dem Deutschen Schauspielhaus wurde er auch dessen Intendant. 1931 erhielt Röbbeling die Berufung zum Direktor des Wiener Burgtheaters, wurde aber nach der Einverleibung Österreichs im Jahre 1938 wieder abgesetzt. Hermann Röbbeling starb 1949 in Wien.

1887 ist das Geburtsjahr von **Margarete Graeber**. Die Familie des gräflichen Baurates Friedrich Wilhelm Graeber zog später nach Bielefeld, wo Marga an der Kunstgewerbeschule studierte. Sie wurde als Tierbildhauerin bekannt und heiratete den Kunsthändler und Mäzen Bernhard Böhmer. 1924 zogen die Böhmers nach Güstrow und wurden am Heidberg die Nachbarn von Ernst Barlach. Drei Jahre später trennte sich das Ehepaar, und zwischen Barlach und Marga Böhmer begann eine elfjährige Lebens- und Arbeitsgemeinschaft. Viele Werke von Ernst Barlach wären ohne die verständnisvolle Stolbergerin niemals entstanden. Auch die Plastiken „Sitzende Hexe" oder „Mutter Erde" tragen unverkennbar ihre Züge. Nach Barlachs Tod schützte Marga Böhmer sein Werk und rettete es über die Nazizeit und die Formalismusdebatte in der jungen DDR. An der Getrudenkapelle erinnert seit 1996 eine Gedenktafel an Marga Böhmer, die 1969 starb und in Ratzeburg neben Barlach ihre letzte Ruhestätte fand.

Tal der Lude - Stolbergs Natur zog viele Botaniker an

Wege um Stolberg

Um Stolberg noch besser kennenzulernen, muß man natürlich, wie anno 1525 Bruder Martin, aus dem Tal heraus und auf die Berge steigen. Es gibt verschiedene Möglichkeiten, sich diesen Wunsch zu erfüllen. Ideal sind die sogenannten Bandwege, Rundwege, die sich auf beiden Seiten des Tales wie ein ausgelegtes Band am Hang entlangschlängeln. Da sie in verschiedenen Höhenlagen verlaufen, sind einige von ihnen auch für jene Spaziergänger zu empfehlen, die zwar größere Anstiege vermeiden müssen, trotzdem aber nicht auf schöne Einblicke verzichten sollen. Ängstlichen Naturen sei zur Beruhigung mitgegeben, daß alle Wege nach Stolberg zurückführen, und es selbst große Talente bislang nicht vermocht haben, sich zu verlaufen.

Zur Dornröschenbank
Hinter den Anlagen beim „Bürgergarten" beginnt der Untere Bandweg, der Abgänge zur Hintergasse und zum Café Sander am Anfang der Neustadt besitzt. Auf ihm gelangt man zur Friedhofskapelle. Das Panorama von Schloß, Kirche und Markt läßt sich von dieser Seite her ausgezeichnet fotografieren. Folgt man an der Friedhofskapelle der Alten Auerbergstraße, dann erreicht man nach einem kurzen Anstieg den linker Hand abzweigenden Breiten Weg. Er führt hoch über dem Friedhof entlang und berührt dabei das zehn Hektar große Naturschutzgebiet „Pferdekopf", eine eindrucksvolle und alte Laubwaldzone, wie man sie in der Umgebung nur noch selten antrifft. Auf diesem Weg gelangt man zur Dornröschenbank, einem gern aufgesuchten Aussichtspunkt, von dem man einen hervorragenden Ausblick auf das Schloß gegenüber und auf die in der Tiefe liegende Stadt hat. Über den Tannenstieg kommt man nach 15 Minuten ins Kalte Tal; ein kürzerer Weg führt durch die Hirtengasse zur Töpfergasse und in die Neustadt.

Zur Lutherbuche
Hinter den Gärten der letzten Häuser in der Niedergasse und vorm Bahnhof beginnt ein schmaler Weg. Er endet vor der Himmelsleiter. Steigt man die fast zweihundert Stufen empor, so erreicht man den auf der anderen Talseite gelegenen Bandweg und erlebt Stolberg nun bereits von einer bedeutend „höheren Warte" aus. Kenner geben dieser Tour den Vorzug, denn etwa über der Ortsmitte beginnt der letzte Aufstieg zum Waldesrand und damit zu jener Stelle, an der die mächtige Lutherbuche steht, wo der Reformator seinen vortrefflichen Vergleich mit dem Vogel geprägt hatte. Die Aussicht auf die Stadt ist von diesem Punkt aus so einmalig, daß manch einer Maler oder Dichter sein möchte, auf den Knien Briefe schreibt oder ohne Unterlaß auf den Auslöser seiner Kamera drückt. Der Abstieg kann zur Stubengasse und damit zum Zentrum hin erfolgen. Es ist außerdem möglich, diesen Bandweg, der des mittelalterlichen Wildgeheges wegen auch als Tiergartenweg bezeichnet wird, in westlicher Richtung weiterzugehen. Dabei gelangt man zum Rittertor. Auf der Hälfte des Weges führen bereits Treppen ins Tal. Benutzt man sie, kommt man direkt zum Klingelbrunnen. Und was dort mit dem geschieht, der sich über die Quelle beugt - wir wissen es längst ...

Zum Hainfeld

Am Rittertor folgt man der Straße. Hinter dem Harzgarten (am Anfang Rastplatz und Wassertretbecken) beginnt der Hainfeldsberg. Der zu Stolberg gehörende Ortsteil Hainfeld ist aus einem alten Gutsbezirk hervorgegangen und besitzt nur wenige Häuser. Von der Hochfläche aus hat man einen großartigen Blick auf die waldbedeckten Höhenzüge. In der Ferne zeigt sich, vom Josephskreuz bekrönt, der 579 Meter hohe Auerberg. Folgt man nun der hinter den letzten Häusern abgehenden Straße, so kommt man zur „tausendjährigen" Eiche auf dem Hunrod. Der Baum schlägt seit 1977 nicht mehr aus, aber seine Stärke ist trotz des Verfalls nach wie vor eindrucksvoll. Der Hunrod war ein alter Kultplatz, und die Stolberger Bürger versammelten sich hier auch später zu so manchem Fest. Die Waldstraße führt durch das Silberbachtal nach Stolberg zurück. Die ersten Gebäude, die auftauchen, stehen auf dem Gelände des 1957 stillgelegten Flußspatschachtes und erinnern an jene Zeit bergbaulicher Tätigkeit, die zu Stolberg gehört wie der schwarze Hirsch ins Wappen. Der beschriebene Weg hat eine Länge von knapp vier Kilometern; 300 Meter hinter der Hunrodeiche ist aber auch ein Abstieg über die Lutherbuche möglich.

Vom Schloß zum Hirschdenkmal

Noch vorm ersten Schloßtor folgt man dem linker Hand aufwärts führenden Weg und gelangt über die ehemals fürstliche Reitallee zum Hirschdenkmal. Der schwarze Bronzehirsch verweist auf das Haus Stolberg, die 1945 entfernten Medaillons erinnerten an den 1903 verstorbenen Fürsten Alfred und an den nur zwei Tage später bei einem mysteriösen „Jagdunfall" ums Leben gekommenen Erbgrafen Wolfgang. Der Weg führt weiter zum Röhrenteich. Von hier bekamen die Schloßbewohner einst ihr Wasser. In hölzernen Röhren wurde es unterirdisch zum Schloßberg geleitet. Nach einem kurzen Abstieg ist man im Ludetal und am Waldbad. Nach 15 Minuten hat man das Rittertor erreicht.

Zum größten Kreuz der Welt

Das gut vier Kilometer entfernte Josephskreuz auf dem Auerberg gehört so sehr zu Stolberg, daß man den Ausflug dorthin schon unter den stadtnahen Wanderempfehlungen erwähnen muß. Es gibt viele Möglichkeiten, zum Auerberg und zum größten Kreuz der Welt zu gelangen. Der erlebnisreichste Weg beginnt hinter der Friedhofskapelle. Hier kann der Wanderer wählen zwischen der zunächst steil ansteigenden Alten Auerbergstraße oder dem Weg durch das Zechental. Dieser führt durch altes Bergbaugebiet. Bei genauerem Hinsehen wird man noch überwachsene Schürfstellen und eingebrochene Stollen ausmachen können. Und so man einem Einheimischen begegnet, kann es schon passieren, daß dieser sofort die anrührende Geschichte von dem Stolberger Bergmann erzählen will, der vor vielen Jahrhunderten ganz in der Nähe einen mächtigen Erzgang an jener Stelle gefunden haben soll, an der ihm ein weiblicher Berggeist erschienen war und einen silbernen Nagel in die Erde geschlagen hatte. Der Stolberger heiratete die erlöste Frau und brachte es zu einigem Wohlstand. Als er ihr aber nach etlichen Jahren glücklichen Zusammenlebens doch einmal im Streit ihre seltsame Herkunft vorwarf, wurde sie depressiv, verließ ihn, stürzte sich in den Schacht und ward nie

wieder gesehen. Von Stund an war die Ader versiegt, und heute erinnert lediglich die über fünfhundert Jahre alte Bezeichnung „Silberner Nagel" an den Ort, an dem das alles geschehen sein muß.

Durch das Zechental fuhr man noch im vergangenen Jahrhundert mit der Postkutsche in den Harz hinein. Eine beschwerliche Reise, von der auch Heinrich Heine ein Liedchen zu singen wußte. „Ich fuhr neulich von Stolberg nach Harzgerode, über einen hohen schneebedeckten Berg, wo der Wagen jeden Augenblick umzufallen drohte, eine lebensgefährliche, traurige Tour ...", schrieb er der Schwester am 9. Mai 1824 nach Berlin.

Wenn man an den Sieben Wegen (Schutzhütte) rechter Hand weiter im Wald bleibt, hat man nach einem letzten und steilen Aufstieg das Ziel erreicht und steht vor einem imposanten gußeisernen Höhendenkmal, das sich 38 Meter hoch über alten Buchen in den Himmel reckt und seiner Kreuzform und seiner Größe wegen einmalig sein dürfte unter den Aussichtstürmen der Welt.

Der Turm auf dem Großen Auerberg hatte Vorgänger. Schon 1768 stürzte eine hölzerne Warte mit solch gewaltigem Krachen zusammen, daß man sogar im benachbarten Schwenda aufschreckte. Der Platz verwaiste. Gut sechzig Jahre später bat der Stolberger Graf Joseph keinen Geringeren als den Geheimen Oberbaurat Karl Friedrich Schinkel, einen den Auerberg krönenden Aussichtsturm zu entwerfen. Schinkel nahm an und wählte die Form eines gotischen Doppelkreuzes. Dieser 22 Meter hohe Holzturm wurde zwischen 1833 und 1834 errichtet. Da hieß es „Felsen zu brechen, Tiefen zu füllen, Unebenheiten zu regeln, Bäume zu roden und alle kostspieligen Werke auszuführen, durch welche auf einem schmalen Bergrücken eine weite und schöne Fläche gewonnen wird. Die unentbehrlichen Materialien" - erzählt eine Denkschrift aus dem Jahre 1837 - „mußten viele hundert Fuß auf steilen Wegen in die Höhe geschafft und viele Menschen der verschiedensten Gewerkschaften auf mehrere Jahre in Arbeit genommen werden." 385 Eichen waren allein für den Turmbau in den gräflichen Forsten geschlagen worden. Am 21. Juni 1834 wurde das Schinkel-Kreuz eingeweiht und war von da an der nicht zu übersehende Anziehungspunkt im Unterharz. Doch die Freude währte nur wenige Jahrzehnte. Im Juni 1880 schlug der Blitz ein und beschädigte den Turm so stark, daß er gesperrt werden mußte. Da man sich aber bereits an das Höhenbauwerk gewöhnt hatte und auf einen Aussichtsturm auf der Josephshöhe nicht verzichten wollte, wurde schon 1881 beschlossen, den Turm abzubrechen, das gewonnene Material (darunter 20 Zentner Schraubenbolzen, Nägel, Klammern und Laschen) zu verkaufen und den Bau eines neuen Aussichtsturmes voranzutreiben. Der sollte nun allerdings größer und aus beständigerem Material errichtet werden. Eisentürme waren in Mode gekommen. Und an eine solche Konstruktion dachte man auch. Der Harzklub steuerte die eine Hälfte der Kosten bei, die Fürstliche Kammer zu Stolberg die andere. Da Schinkel schon tot war, nahm der Baurat Beißwänger die Dinge in die Hand und entwickelte gemeinsam mit der Dampfkessel- und Gasometerfabrik in Braunschweig eine Form, die sich am Schinkelschen Doppelkreuz orientierte.

Der Neubau wurde unter der Regierung des Grafen Alfred errichtet und im Sommer 1896 feierlich eingeweiht. 123 Tonnen Stahl waren zuvor mit Pferdefuhrwerken auf die Höhe transportiert und verbaut worden. 100 000 Nieten, die die Konstruktion zusammenhalten sollten, hatte man eingeschlagen. Die Plattform, zu der 200 Stufen hinauf führten, bot dreißig Personen Platz. Von dort war es nun möglich, über den Südteil des Harzes bis hin zum Kyffhäusergebirge und zu den Kämmen des Thüringer Waldes zu blicken. Bei gutem Wetter erkannte man die Domtürme von Magdeburg und im Nordwesten natürlich den Brocken und die namhaften anderen Erhebungen des Oberharzes. Wie der Schinkelsche Vorläufer besitzt auch das zweite Josephskreuz eine Schutzhalle, die fünfhundert Personen aufnehmen kann und mit den Wappen des Hauses Stolberg geschmückt ist. An den vier Dachgiebeln erinnert das Signet des Harzklubs an die Aufbauphase. Die beiden Medaillons mit den vergoldeten Initialen J und L sowie A und A verweisen auf die Erbauung unter dem Grafen Joseph und der Gräfin Luise im Jahre 1834 sowie auf den Neubau unter Fürst Alfred und der Fürstin Auguste im Jahre 1896.

Seither steht also bei Stolberg das größte und schwerste Doppelkreuz der Welt. Daß es höher ist als der Eiffelturm, mag nicht nur bei Franzosen Irritationen hervorrufen. Doch die Höhe, auf der es steht, mißt nun einmal 579 Meter, und die muß man schon hinzurechnen. Ungeachtet dieser Einmaligkeit hätte nicht viel gefehlt, und das Josephskreuz wäre noch vor seinem einhundertsten Geburtstag abgerissen worden oder eingestürzt. Nach dem Krieg mangelte es hierzulande an den nötigen Mitteln, um das den Wettern unablässig ausgesetzte Bauwerk instandzuhalten. 1987 mußte der Turm aus Sicherheitsgründen gesperrt werden. Hilfe kam dann ganz unerwartet und zwar in Gestalt eines 1525 zu Mühlhausen geköpften Stolbergers, auf den man seinerzeit im Grafenhaus gar nicht gut zu sprechen gewesen war und dessen 500. Geburtstag es nun zu bedenken galt. Per staatlicher Order wurde das Jahr 1989 zum Müntzerjahr erklärt. Im Hinblick auf dieses Ereignis ließ man der Geburtsstadt des Bauernführers eine stattliche Summe (in Mark der DDR) zur Verschönerung der Stadt und zur Vorbereitung des Jubiläums zukommen. Die Verantwortlichen nutzten die Gunst der Stunde und verwandten einen beträchtlichen Teil des Geldes für eine umfassende Restaurierung des Kreuzturmes. Ein 103 Tonnen schweres Gerüst, das selbst ein Kunstwerk war, wurde um den Turm herumgebaut. Sieben Tonnen Stahl und fünfhundert Schutzbleche mußten ausgetauscht werden. Mit Pinsel und Spritzpistole wurden sieben Farbschichten aufgetragen, wobei der Schlußanstrich wie eine Mischung aus dem Grün der Buchenwälder und dem Blau des Himmels wirkt - ähnlich dem Original von 1896.

Im August 1990 wurde das Josephskreuz wiedereröffnet. Drei Jahre später verwirklichte Gotthilf Fischer bei Stolberg einen lange gehegten Traum und initiierte die „Straße der Lieder". Sie führt vom Harzhotel Schindelbruch am Fuße des Großen Auerberges zur Josephshöhe hinauf. An vierzehn Stationen laden Liedtafeln zum Mit-, zum Selbersingen und zum Verweilen ein. Eine solche Straße, die genau besehen ein Wanderweg ist, soll die Menschen zusammenführen. Das Konzept scheint aufzugehen. Auch außerhalb der Chortreffen auf dem Auerberg wird hier gesummt und gesungen, und bei manchem reicht der Text sogar bis zur nächsten Station.

Das Josephskreuz auf dem Auerberg

Ausflüge in die Umgebung

Die Kirche von Schwenda
Die Kunde von sagenhaften Erz- und Silberfunden im Harz drang im ausgehenden Mittelalter über die Alpen und versetzte vornehmlich die Italiener in einen Glücksrausch. Schatzsucher, unter denen sich die aus dem Süden kommenden „Venetier" hervortaten, erschienen auch in dem zur Grafschaft Stolberg gehörenden Teil des Gebirges. In mancher Ortschronik ist deshalb von den dunkelhäutigen Fremden die Rede, die sich sehr geheimnisvoll benommen haben sollen. Ein Stolberger Jäger will einem dieser dunklen Gesellen am Auerberg begegnet sein, wo dieser ausgelassen in einem hölzernen Trog in den unterhöhlten Berg hineinfuhr, einige Zeit fortblieb und dann, nicht minder vergnügt und allerlei fremdländisches Zuckerzeug an den Lippen, wieder auftauchte. Das interessierte den Jäger nun aber doch. Er befragte den Fremden, der ihn schließlich einlud, ihn bei seiner unterirdischen Reise zu begleiten. Und so rutschten die beiden gemeinsam im Holztrog vom Auerberg nach Italien, und unser Jäger flanierte bis zum Sonnenuntergang durch die Gassen von Venedig, was ihm, der ja nur Stolberg und die Dörfer im Umkreis kannte, so wohltat, daß der andere Mühe hatte, ihn wieder in den Trog zu bugsieren und zum Auerberg zurückzubringen. Daß ihm diese Reise später weder in der Stadt noch am Stammtisch jemand glauben wollte, liegt auf der Hand. Und selbst sein Stolberger Weib, das er immer gut behandelt hatte, nahm ihm diese Geschichte einfach nicht ab und blieb mißtrauisch.
Eine ganz andere Erinnerung haben die Schwendaer an die „Venetier". Unter den Glückssuchern soll sich auch ein Graf Billiperi befunden haben, der mit Kind und Kegel, mit Hacke und Schlägel, mit Hammer und Spaten in den Harz aufgebrochen war. Bei Schwenda gerieten die Reisenden in ein schweres Gewitter. Der Blitz schlug in die Fuhre ein und traf den Grafen und seine Frau. Nur die wenige Jahre alte Tochter überlebte das Unglück und wurde nach Schwenda gebracht, wo sich der dortige Pfarrer ihrer annahm. Zwölf Jahre später, heißt es, sollen zwei Verwandte aus Rom in Schwenda erschienen sein, die die pubertierende Schönheit heimholen wollten, um sie daselbst ordentlich zu verheiraten. Aus Dankbarkeit stiftete das später zu Reichtum und in die Jahre gekommene Findelkind eine stattliche Summe zum Bau eines Gotteshauses. Zwei Enkel brachten das Geld nach Schwenda, und der auffällige Kirchenbau in der Mitte des Dorfes wird mit diesem Ereignis in Zusammenhang gebracht. Kunstgeschichtlich Beflissene werden sich bei seinem Anblick sofort an eine Miniaturausgabe der Peterskirche in Rom oder an die im Februar 1945 ausgebrannte und inzwischen wieder aufgebaute weltberühmte Frauenkirche erinnern, die der Dresdner Rats-

65

baumeister George Bähr zwischen 1726 und 1734 errichtet hatte. Die Kirche, die zum Symbol protestantischer Barockauffassung wurde, erlangte vor allem ihres Kuppelwunders wegen große Berühmtheit. Und in der Tat: Nach Plänen von George Bähr wurde im Jahre 1736 mit dem Bau der Schwendaer Dorfkirche begonnen. Die Ausführung der Arbeiten lag in den Händen des gräflichen Baumeisters Friedrich Penther, der Stolberg später verließ und als bedeutender Architekturtheoretiker an der Universität Göttingen wirkte. Im Jahre 1738, dem Todesjahr von Bähr, war das Auftragswerk vollendet. 34 Meter hoch und 15,30 Meter breit erhebt sich der von acht Säulen getragene Kuppelbau über dem Dorf. Mit diesem den Heiligen Cyriakus und Nikolai geweihten Gotteshaus besitzt Schwenda eine der schönsten barocken Dorfkirchen im Harzgebiet.

Der Altar stammt aus dem Jahre 1735, den Innenraum hat der Kirchenmaler Karl Völker 1938 erneuert. Und wenn man in die mit Monatszeichen und Jahreszeitsymbolen geschmückte Kuppel (Foto S. 65) hinaufschaut, wo das von Evangelisten umgebene Gottesauge am höchsten Punkt zu sehen ist, weiß man, daß sich schon alleine dieses Raumerlebnisses wegen der Weg nach Schwenda gelohnt hat.

Die auf einer Hochfläche gelegene und von Feldern, Wiesen und Wald umgebene Siebenhundert-Seelen-Gemeinde kann man von Stolberg und vom Auerberg her auf gut ausgeschilderten Wanderwegen erreichen.

Zur Burgruine Hohnstein

Zu den beliebtesten Tageswanderungen, die man von Stolberg aus unternehmen kann, gehört der Ausflug zur Burgruine Hohnstein bei Neustadt. Es empfiehlt sich, das Rittertor als Ausgangspunkt zu wählen. Hinter dem Harzgarten führt eine steile Fahrstraße zum ehemaligen Vorwerk Hainfeld hinauf, das an Stelle des niedergegangenen Dorfes Bischofshain entstand und seinen Namen seit 1588 trägt. Heute ist es ein Ortsteil von Stolberg. Auf der Höhe wandert man nun weiter gen Westen, an Wiesen vorüber und vorüber an dichtem Wald. Man kann, so man nicht schon die Abzweigung über den Kleinen Himmelsstieg nimmt, auch die befestigte Straße bis zu der von Breitenstein nach Hermannsacker führenden Chaussee benutzen und von dort zur Nordhäuser Talsperre hinuntergehen. Die 1905 vollendete Anlage dient noch immer der Wasserversorgung von Nordhausen und speichert 25 Millionen Kubikmeter Quellwasser. Die Staumauer ist 33 Meter hoch und 134 Meter lang. Unterhalb führt der Weg über die Alte Heerstraße und durch stattliche Buchen- und alte Eichenbestände zur Burgruine Hohnstein. Konrad von Sangerhausen hatte die Burg, die nicht grundlos den Beinamen „Wiege der Harzgrafen" erhielt, um 1100 neu erbaut. Im Jahre 1417 ging sie in den Besitz des Stolberger Grafenhauses über und blieb es trotz mehrfacher Teilungen bis zum Ende des Zweiten Weltkrieges.

Während der großen Bauernunruhen des Mittelalters blieb der Hohnstein nicht verschont. Aber erst gut einhundert Jahre später wurde die Anlage völlig zerstört und brannte nieder. Zur Zeit des 30jährigen Krieges ließ der sächsische Oberst Graf Vitzthum von Eckstädt, weil der Hohnsteiner seine Kontributionen nicht zahlen wollte, an den Ecken der Burg mächtige Holzhaufen errichten und Feuer legen. Das war am ersten Weihnachtstag 1627, und die Gräfin, weiß die Überlieferung zu berichten, bekam die

Erlaubnis, das mitzunehmen, was sie selbst tragen konnte. Da lud sie sich ihren Hohnsteiner auf den Rücken und floh mit ihm, bis sie nicht mehr konnte und am Rande einer Waldwiese zusammenbrach. Eine Geschichte, die die Einheimischen immer wieder gern erzählen und die man kennen muß, wenn man die noch heute imposante Ruinenanlage erblickt, die sich neunzig Meter über Neustadt erhebt und etwas von ihrer einstigen Größe, Bedeutung und Wehrhaftigkeit erahnen läßt.

Wem danach verlangt, noch eine weitere Harzer Burg zu besichtigen, dem sei der Wanderweg über Neustadt zum schön gelegenen Gasthaus Sägemühle bei Hermannsacker empfohlen. Darüber befindet sich die vom Thüringer Landgrafen Hermann erbaute Ebersburg, die 1593 an die Stolberger fiel und deren Ruine nicht ganz so groß und eindrucksvoll ist wie die der Hohnsteiner. Der Rückweg zum Hainfeld und nach Stolberg beträgt acht Kilometer.

Eine andere Route könnte nach Ilfeld führen, wo Goethe 1777 während seiner ersten Harzreise die Nacht verbrachte und sich heute eine Station der Harzer Schmalspurbahnen befindet, von der man sicher an einen Ort gelangt, der eine Bus- oder eine Bahnverbindung nach Stolberg garantiert.

Zur Heimkehle und nach Rottleberode

Zwischen Rottleberode und Uftrungen ist es möglich, an einem See zu stehen und doch keinen Himmel über sich zu haben. Die Rede ist von der am Südrand des Alten Stolberg gelegenen Heimkehle, einer durch Auswaschungen der Gipsgesteine der Zechsteinperiode entstandenen Karsthöhle, die 1357 erstmals urkundlich erwähnt und von Behrens in seinem 1703 erschienenen Werk „Hercynia curiosa" (Der kuriose Harz) beschrieben worden ist. Vermessen und erschlossen hat man die Heimkehle allerdings erst im vergangenen Jahrhundert. Seither zählt sie zu den größten Schauhöhlen Deutschlands und zieht Jahr für Jahr Zehntausende Besucher an.

Die Höhle ist 2000 Meter lang und verfügt über einen Führungsweg von 750 Metern. Besonders eindrucksvoll ist der „Große Dom". Er weist einen Durchmesser von 65 Metern und eine Höhe von 22 Metern auf. Vom ersten Advent an ist täglich eine weihnachtliche Lasershow zu erleben.

Zur jüngeren Geschichte der Höhle gehört ein bedrückendes Kapitel: Im März 1944 war das Gelände von der SS weiträumig abgeriegelt worden. In großer Eile wurde dann von Häftlingen aus dem Außenlager des Konzentrationslagers „Mittelbau-Dora" eine 8 000 Quadratmeter große unterirdische und somit bombensichere Rüstungsfabrik errichtet. Hier sollten auch Teile für die propagierte Wunderwaffe produziert werden. Ein reichliches Jahr später fiel die Heimkehle unter die Bestimmungen des Potsdammer Abkommens. Die Anlagen im Inneren wurden gesprengt.

Erst 1954 war der Besuch der Gipssteinhöhle wieder möglich. Der Höhle ist ein Karstmuseum angeschlossen, und am Vorplatz weisen Schilder darauf hin, daß hier jener mit Informationstafeln versehene und gut ausgeschilderte Wanderweg beginnt, der auf 43 Kilometern durch das Südharzer Karstgebiet führt und dabei mit den Besonderheiten dieser Landschaftsform bekannt machen will. Nach der Wende hat der US-Amerikaner Norman Scott mit viel Publicity auch in der Heimkehle nach dem Bernsteinzimmer gesucht.

Von Stolberg aus ist die Heimkehle über einen bequemen Wanderweg durch das Thyratal zu erreichen. Nach drei Kilometern stößt man auf das zu einem Gasthaus umfunktionierte ehemalige Zollhaus. Nach weiteren drei Kilometern ist Rottleberode erreicht, ein charakteristisches Harzranddorf mit Kirche und Fachwerkbauten und sogar einem von Schinkel entworfenen Schlößchen am See. Der Ort ist vor über eintausend Jahren aus einem ehemaligen fränkischen Reichshof hervorgegangen und verrät durch seinen Namen etwas von dem Mühen der Vorväter, die hier am Rande des Gebirges und nahe dem langgestreckten Höhenzug „Alter Stolberg", Hand anlegten, um die Gegend bewohnbar zu machen.
Kaiser Otto I. hatte den Königshof samt Waldanteil seinem Sohn Wilhelm, Erzbischof von Mainz, übereignet. Der besuchte im Februar 968 die kränkelnde Großmutter Mathilde im Stift Quedlinburg. Auf dem Rückweg legte der Erzbischof auf seinem Rottleberöder Besitz einen Zwischenaufenthalt ein. Dort starb er überraschend am 2. März. Die Großmutter, die die Witwe des ersten deutschen Königs Heinrich I. war, folgte dem Enkel wenig später ins Grab. In ihrer Lebensbeschreibung wurden Wilhelms letzter Besuch und sein Tod in „Radulveroth" festgehalten. Deshalb konnte das Dorf bereits im Jahre 1968 eine Tausendjahrfeier ausrichten.
Am Ortsausgang verändert sich die Landschaft. Hier werden Gipsvorkommen der Zechsteinformation abgebaut und in dem am Rande des Höhenzuges gelegenen Werk verarbeitet. Hinter dem Betrieb der Deutschen Gipswerk AG verläuft der Wanderweg zur Heimkehle. Es besteht auch die Möglichkeit, mit dem Zug von Stolberg aus in das neun Kilometer entfernte Uftrungen zu fahren und von dort auf einem zwei Kilometer langen Weg zur Höhle zu wandern. Empfehlenswert ist auch die 14-Kilometer-Tageswanderung durch die Karstlandschaft im Naturschutzgebiet „Alter Stolberg". Ausgangspunkt ist der Teich in Rottleberode, unweit der restaurierten ehemaligen Domäne. Dem grünen Dreieck folgt man auf dem Stempedaer Marktweg zum Grenzstein 100. Über Steigerthal sowie Obere und Untere Grasmühle (blaues Kreuz) gelangt man zur Heimkehle und von dort zum Ausgangspunkt zurück. Von der Ruine der Graseburg bei Rottleberode hat man einen herrlichen Ausblick.

Zu Kyffhäuser und Königspfalz Tilleda
Das Kyffhäusergebirge ist eines der bekanntesten Touristenziele am Harzrand und von Stolberg aus als Tagestour sehr zu empfehlen. Wenn man den Ort in südlicher Richtung verläßt, um über Rottleberode und Uftrungen zunächst nach Berga zu fahren, taucht in der Ferne schon bald das von einem markanten Denkmal und einem Bergfried gekrönte Kyffhäusergebirge auf. Und spätestens da fallen einem der Staufer Friedrich Barbarossa, die kaiserliche Dauerschlafstätte im Inneren des Berges und Heinrich Heines Versepos "Deutschland. Ein Wintermärchen" ein, und man kann es gar nicht erwarten, endlich dort oben anzukommen.
Wer mit dem Auto unterwegs ist, sollte bis zum Parkplatz am Denkmal fahren. Von dort kann man in alle Richtungen, auch nach Frankenhausen, zur Barbarossahöhle und nach Tilleda wandern. Es ist aber auch möglich, mit dem Zug bis Berga zu fahren. Über das tausendjährige Kelbra erreicht man auf sehr abwechslungsreichen Wanderwegen

das Denkmal und die Ruinen der Burg, aber auch die am Fuße des Gebirges und über dem idyllischen Dörfchen Tilleda gelegene Königspfalz.
Diese Pfalz soll Kaiser Otto II. seiner Frau Theophano als Hochzeitsgabe geschenkt haben. Die erste urkundliche Erwähnung geht auf das Jahr 972 zurück, und sieben Könige, heißt es, haben hier ausgestellte und gesiegelte Urkunden mit dem Namen Tilleda versehen. Im Februar 1194 beendeten Heinrich der Löwe und Heinrich VI. an diesem Platz endgültig den zwischen dem Geschlecht der Welfen und der Staufer schwelenden Streit. Die Ausgrabungen auf dem Pfingstberg begannen 1935 und waren 1979 beendet. Inzwischen ist die Anlage zu einem Freilichtmuseum "Königspfalz Tilleda" umgestaltet worden. Goethe-Kenner wissen natürlich, daß der Dichter und sein Herzog am 30. Mai 1776 in Tilleda eingekehrt waren, um am folgenden Morgen zu den Ruinen von Kyffhausen hinaufzusteigen.

Die Reichsburg durfte sich rühmen, mit 608 Metern Länge und 60 Metern Breite eine der größten deutschen Wehranlagen zu sein. Errichtet worden ist sie im 11. Jahrhundert. Friedrich I. Barbarossa (1152-90) war ihr letzter Bauherr. Zweihundert Jahre später wurde die Burg bereits als "wustes Sloß" bezeichnet und wechselte wie die Ruine der benachbarten Rothenburg mehrmals den Besitzer. Bis zum Jahre 1918 gehörte sie den mit den Stolbergern verwandten Schwarzburger Grafen.

Noch heute sind von der ehemaligen Reichsburg eindrucksvolle Zeugen (Foto) zu bestaunen. Reste eines Bergfrieds sowie mächtige Grund- und Wehrmauern bestimmen das Aussehen der Unterburg. Der Bergfried der Oberburg wurde im 12. Jahrhundert errichtet und diente als Wohnturm. Er weist eine Höhe von 30 Metern auf und ist mit dem Kyffhäuserdenkmal das Wahrzeichen des Berges. Das 81 Meter hohe Monument wurde nach einem Entwurf von Bruno Schmitz, von dem auch das Leipziger Völkerschlachtdenkmal stammt, zwischen 1891 und 1896 geschaffen. Der die Hoffnung auf ein geeintes und starkes Deutschland reflektierende Sagenstoff des Mittelalters und die Reichsgründung von 1871 wurden hier zusammengeführt. Mit der Errichtung des Zweiten Kaiserreiches feierte man die "Auferstehung" des ersten und sah damit die Bedingungen zum Aufwachen des schlummernden Barbarossas erfüllt. Der sitzt, in roten Sandstein gehauen, im Untergeschoß des Denkmals, während sich auf der Terrasse hoch über ihm das von Emil Hundrieser geschaffene neun Meter hohe kupferne Reiterdenkmal des Reichserneuerers Wilhelm I. erhebt. Die Spitze des 57 Meter hohen Turmes trägt eine steinerne Nachbildung der Hohenzoller-Krone. Von den beiden Aussichtsplattformen des Denkmals blickt man weit hinein ins Land: nach Tilleda und in die Goldene Aue hinab, nach Thüringen und in den Harz. Ein Panorama, das sich einprägt und zum Wiederkehren verführt ...

Verkehrsverbindungen

Bahn

Mehrmals täglich verkehrt ein Triebwagen zwischen Stolberg und Berga-Kelbra (15 km).
Er hält in Rottleberode und Uftrungen. Von letztgenanntem Bahnhof aus läßt es sich am besten zur Höhle Heimkehle wandern. In Berga-Kelbra hat man Direktverbindung nach Sangerhausen und Halle. Einige Züge fahren bis Sangerhausen (35 km) durch, wo man das Rosarium (größte Rosensammlung der Welt) und das Spenglermuseum (mit einzigartigem Altmammut-Skelett) besuchen sollte.
Nähere Auskünfte erteilen beispielsweise die Bahnhöfe in Stolberg (Tel.: 034654/ 439), in Berga-Kelbra (Tel.: 034651/2024) und Nordhausen (Tel.: 03631/5071)

Bus

Es bestehen hier gute Verbindungen in den Harz hinein (Hasselfelde-Wernigerode; Friedrichsbrunn-Quedlinburg; Harzgerode) sowie über Berga hinaus nach Sangerhausen. Die Haltestellen befinden sich beim Bahnhof und beim Bürgergarten (jeweils die Fahrtrichtung beachten!) sowie am Beginn des Kalten Tales.
Auskünfte zu den Busverbindungen erhält man im Fremdenverkehrsamt, Markt 2.

Pkw

Wer mit dem eigenen Fahrzeug nach Stolberg kommt, sollte wissen, daß die Hauptstraße aus mehreren engen Gassen besteht. Außerdem ist für das gesamte Stadtgebiet eine Höchstgeschwindigkeit von 30 km/h festgelegt. Wenn solch eine Begrenzung irgendwo gerechtfertigt ist, dann ganz bestimmt in Stolberg. Verständnis wird der mit dem Auto anreisende Besucher auch dafür aufbringen, daß die Historische Europastadt nicht zugeparkt werden darf. Parkplätze befinden sich, wie im Stadtplan ausgezeichnet, jeweils an den Ortseingängen sowie am Ende der Rittergasse. Und diese Möglichkeiten sollte man sowohl im eigenen als auch im Interesse der anderen Besucher und der Einheimischen unbedingt nutzen. Man wird es selbst als wohltuend empfinden, wenn die schmalen Gassen begehbar bleiben und der Blick auf die schönen Details nicht durch moderne Fortbewegungsmittel verstellt wird. Behindertenparkplätze stehen in der Stadtmitte gegenüber der Hospitalkapelle und am Saigerturm zur Verfügung. Leider kann es an ausflugsfreundlichen Wochenenden oder in der Ferienzeit auch hier zu Engpässen kommen.
Wer zum Auerberg und zum höchsten Doppelkreuz der Welt nicht dem vorgeschlagenen Wanderweg von Stolberg aus folgen möchte, der kann bis zum Parkplatz am Forsthaus Auerberg fahren und von dort zum etwa zwanzigminütigen Aufstieg ansetzen.
Von der Abzweigung Berga (B 80) sind es bis Stolberg 15 km. Wer auf der B 242 in den Harz kommt, erreicht Stolberg über den Auerberg (ab da 4km).

Fototips

Die fotografischen Gegebenheiten in Stolberg sind im Prinzip die gleichen wie in allen verwinkelten Fachwerkstädten des Harzes: Die Enge bringt Probleme mit dem Licht und der Perspektive. Wer aber ein paar Stunden Zeit hat, kann trotzdem leicht zu guten Bild-Ergebnissen kommen.

Wichtigstes Motiv ist in Stolberg wohl unumstritten das Schloß, das sich den gesamten Tag über von allen drei Schauseiten gut bestrahlt ablichten läßt, wenn man die Bahn der Sonne verfolgt. Reizvoll sind morgens beispielsweise die Ansichten von der etwas erhöhten Neustadt mit den am Hang „klebenden" Häusern im Vordergrund. Vormittags lohnt sich sozusagen zur Einstimmung schon einmal der Aufstieg zum unteren Bandweg entweder vom Zechental (hinter der Liebfrauenkapelle) aus oder am Café Sander rechts vorbei (Vorsicht: wesentlich steiler!). Von dort oben bietet sich einem ein herrlicher Blick das Kalte Tal hinauf bzw. über die Dächer von der Straße Am Markt hinweg direkt auf den Winkel mit dem markanten Schloß-Rondell. Ab Mittag bis in den frühen Nachmittag kann man schließlich mit Luthers Augen auf Schloß und Stadt blicken, wobei man nicht erst warten sollte, bis man die Lutherbuche erreicht hat. Schon der Aufstieg hält viele schöne Blicke auf den „Vogel Stolberg" bereit. Allerdings gilt es hier zu beachten, nicht zu spät hinaufzusteigen, da zwar das eigentliche Motiv noch lange im Sonnenlicht bleibt, jedoch der Vordergrund bald in schwarzen Schatten versinkt (Nordhang). Von der Lutherbuche aus bekommt man auch die Stadtkirche unterhalb des Schlosses mit einem mittleren Teleobjektiv komplett ins Bild, was wohl, bedingt durch die Hanglage und die engen Gassen, von nirgends sonst aus möglich ist. Die Erbauer des Rathauses waren fotofreundlich. Die prächtige Fassade zeigt nach Süden und steht somit von morgens bis nachmittags auf der Sonnenseite. (In Wernigerode liegt die Schaufassade beispielsweise den ganzen Tag über im direkten Gegenlichtschatten.) Die etwas erhöht angebrachte Sonnenuhr senkt sich ins angenehmere Foto-vis-à-vis, wenn man Distanz bewahrt und diese nur mittels Teleobjektiv aufhebt. Von Motiven wimmelt die Rittergasse, wobei die optisch lohnenderen auf der dem Schloß abgewandten Seite und damit mittags und nachmittags im guten Licht liegen. Hier ist im oberen Bereich die Straße relativ breit, weshalb man auf den Einsatz von verzerrenden Weitwinkelobjektiven getrost verzichten kann.

Das imposante Heimatmuseum in der Niedergasse liegt nur kurze Zeit im vollen Licht, nämlich wenn am späten Vormittag die Sonne gerade in die Häuserschlucht wie in einen Kanal hineinstrahlt. Der obere Bereich des Fachwerkhauses bleibt noch länger in Licht getaucht.

Für die stark verzierten Häuser an der Nordseite der Straße Am Markt braucht man entweder Geduld oder ganz einfach das Wissen, daß man hier satte Farben am späten Nachmittag erhält, wenn die Sonne bereits weit im Nordwesten steht. Als letztes Haus bekommt aufgrund seines ungünstigen Winkels zur Straße das Schneidewindsche Haus im Reichen Winkel Sonne ab. Selbst im Sommer ist da vor 17 Uhr nichts zu machen.

-dt

Hinweise und Empfehlungen

Hotels/Gasthöfe/Pensionen

Alle im folgenden genannten Einrichtungen verfügen über Zimmer mit Dusche, Bad und WC sowie mit Telefon. Es gibt TV und/oder Radio sowie verschiedene Ermäßigungen, beispielsweise für Familien mit Kindern. Außerdem stehen eigene Parkplätze und mehrere Räume für Seminare und Konferenzen zur Verfügung.

Harzhotel "Im Schindelbruch"
Straße der Lieder, Tel. (034654) 8080
Das Hotel im Landhausstil liegt im Wald, 4 km von Stolberg entfernt am Auerberg.
90 Betten; Sauna, Solarium, Fitneßraum und Liegewiese; Vierbeiner erlaubt
Die Küche bietet internationale Speisen.

Akzent-Hotel "Zum Bürgergarten"
Thyratal 1, Tel. (034654) 8110
Schon das Äußere des traditionsreichen Fachwerkhauses lädt zum Eintreten und Übernachten ein.
50 Betten; Sportraum, Whirlpool, Sauna und Solarium; Hund erlaubt
Die Küche bietet Internationales und Spezialitäten der Region; gemütliches Kaminrestaurant.

Hotel "Stolberger Hof"
Markt 6, Tel. (034654) 320 und 437
Der Südflügel dieses in fünfter Generation geführten alten Hotels steht auf den Mauern des ersten Rathauses. Auch im Inneren überrascht noch manch mittelalterliches Detail.
48 Betten; Aufzug vorhanden
Der Koch liebt es gutbürgerlich und kennt sich mit Harzer Spezialitäten aus.

Hotel "Zum Kanzler"
Markt 8, Tel. (034654) 205 und 239
1856 kamen die ersten Sommerfrischler in dieses Haus, das sich bis heute großer Beliebtheit erfreut und besonders für Reisegesellschaften und Tagungen eignet.
50 Betten; Übernachtung mit Vierbeinern auf Anfrage möglich
Die Küche ist gutbürgerlich und auf Wild sowie auf Harzer Gerichte spezialisiert.

Hotel "Weißes Roß"
Rittergasse 5, Tel. (034654) 403 und 600
Ein Hotel mit Tradition und Komfort, wo einst eine Ritterherberge stand.
26 Betten; Hund erlaubt
Harztypische Gerichte.

Gasthaus "Kupfer"
Am Markt 23, Tel. (034654) 422
In einem der ältesten und schönsten Fachwerkhäuser der Stadt ist dieses Hotel untergebracht.
46 Betten; Vierbeiner auf Anfrage erlaubt
In der Küche kocht man nach alten Rezepten. Probieren muß man "Stolberger Lerchen" und die Hausmachersülze von Erich Kupfer.

Hotel Beutel "Chalet Waldfrieden"
Rittergasse 77, Tel. (034654) 8090
Das am Waldrand gelegene Hotel befindet sich in einem von Schinkel entworfenen Fachwerkhaus.
30 Betten, vierbeinige Reisegefährten sind willkommen.
Es gibt ein Tages-Café sowie einen Gewölbekeller und an kalten Tagen knistert Großmutters Unterzugofen.

Hotel "Forsthaus Auerberg"
Auerberg 1, Tel. (034654) 8060
Das Haus liegt vier Kilometer von Stolberg entfernt und mit einem Bein schon in der Natur; zwanzig Minuten Fußweg zum Josephskreuz.
26 Betten

Pension "Harzhof Nerlich"
Niedergasse 60, Tel. (034654) 296
Eine kleine komfortable Pension mit 2 DZ und 1 EZ.
Spezialitäten-Restaurant, Steakhaus, Kaffeegarten für 30 Personen.

Hotel "Waldblick"
Thyrahöhe 24, Tel. (034654) 820
Idyllisch am Orts- und Waldrand gelegen.
27 Betten

Restaurants und Cafés

Die Restaurants der Hotels werden an dieser Stelle nicht noch einmal aufgeführt.

"Ratskeller"
Markt 1

"Harzstube"
Am Markt 3

Athos
Am Markt 21

"Bauernstube"
Hintergasse 17

Reiterhof im Ludetal

"Thyragrotte" im Freizeitbad
Thyratal 5

Imbiß Prinzler
Markt 3

Café Hohenzollern
Markt 6

Café Sander
Neustadt 4

FRIWI-Café
Niedergasse 21
im betriebseigenen Stammhaus

Tagescafé "Chalet Waldfrieden"
Rittergasse 77

Ausflugsgaststätten

"Bergstüb'l Josephshöhe"
auf dem Großen Auerberg

"Forsthaus Auerberg"
Auerberg 1

Gasthaus "Zum Zoll"
Thyratal 13

Tourist-Informationen

Fremdenverkehrsamt /
Tourist-Information
06547 Stolberg/Harz, Markt 2
Tel.: (034654) 454 und 80150
Fax: (034654) 729 und 80111
Internet: www.stadt-stolberg-harz.de und www.stadt-stolberg.de
Informationen über die Stadt, den Aufenthalt, Veranstaltungen und Ausflugsziele. Kostenlose Vermittlung von Hotelzimmern, Ferienwohnungen und Fremdenzimmern. Vermittlung von Stadtführungen

PRO HARZ
Tourismus & Marketing GmbH
06547 Stolberg, Niedergasse 50
Tel.: (034654) 81 09 0
Fax: (034654) 81 09 23

Kirche

Evangelische Stadtkirche St. Martini
Öffnungszeiten: täglich ab 10 Uhr

Museen/Galerien

Heimatmuseum
Niedergasse 19, Tel.: (034654) 85960

Museum Altes Bürgerhaus
Rittergasse 14, Tel.: (034654) 85955

Bernhard Langer - Maler und Grafiker
Neue Kunst im alten Haus
Töpfergasse 1

Galerie "Carina"
Schwenda

Medizin

Ärztlicher Notfalldienst
Sangerhausen: Tel. (03464) 19222 / 535910
Nordhausen: Tel. (03631) 89380

Hirschapotheke Stolberg
Rittergasse 2, Tel.: (034654) 327

Sport

Freizeitbad "Thyragrotte"
Thyratal 5, Tel.: (034654) 92110
Außenschwimmbecken, Rutsche, Whirlpool, Sauna u. a.

Waldbad im Ludetal
Freibad

Aktivurlaub im Ludetal
Reiterhof, Fahrradverleih
Tel.: (034654) 20 00 11

Kutschfahrten Heinz Schuller
Moorberg 1a; Tel. (034654) 564

Ski- und Rodelverleih
Ausleihstation im Heimatmuseum
Niedergasse 19

Kegeln
im "Stolberger Hof", Markt 6

Tennis
in der 6 km entfernten Nachbargemeinde
Breitenstein

Öffentliche Einrichtungen

Polizei
Rittergasse 7, Tel.: 284

Post
Markt 5, Tel.: (034654) 300
Postleitzahl Stolberg: 06547
Telefonvorwahl Stolberg: 034654

Sparkasse
Am Markt 7 (mit Geldautomat)

Toiletten

Die beliebten Öffentlichen befinden sich auf dem Parkplatz am Bahnhof, im Heimatmuseum (238 Schritte ab Marktturm, Niedergasse 19), zwischen Marktplatz und dem Gasthaus Kupfer (Orientierungshilfe für Eilige: Vis-à-vis befindet sich eine Bäckerei) und am Parkplatz im Kalten Tal.

Taxi

Joachim Walther
Neustadt 14, Tel.: 579

Tankstelle

Die nächsten Tankstellen befinden sich in **Hasselfelde** und **Harzgerode** (nördliche Richtung) oder in **Berga** (südliche Richtung).

Auto-Werkstätten

Autohaus Enders
Breitenstein
Osterkopf 65,
Tel.: (034654) 438
Abschleppdienst

Georg Witte
Niedergasse 51
Tel.: (034654) 388
Abschleppdienst

Weiterführende Literatur

AMMAN, J.: Das Ständebuch. Leipzig 1975; Insel-Bücherei Nr. 133.
CLEMENS, D.: Marga Böhmer - Barlachs Lebensgefährtin. 1998
DEHIO, G.: Handbuch der deutschen Kunstdenkmäler - Der Bezirk Halle. Berlin 1976
EBERT, K.: Thomas Müntzer im Urteil der Geschichte: von Luther bis Bloch. Wuppertal 1990
GOETHE, J. W.: Briefe an Auguste Gräfin zu Stolberg. Hrsg. v. Jürgen Behrens. Frankfurt/Leipzig 1993; Insel-Bücherei Nr. 1015
HARTLEBEN, O. E.: Briefe an seine Freunde. Berlin 1912
HARTLEBEN, O. E.: Der Gastfreie Pastor. In: Prosa des Naturalismus. Stuttgart 1987; RUB Nr. 9471
JOHANN GOTTFRIED SCHNABEL. Dokumentation. Hrsg. v. d. Johann-Gottfried-Schnabel-Gesellschaft. Stolberg 1993
KLOOS, R.: Wer war Hentz Nevgeborn? In: Stolberger Anzeiger Nr. 21/1993
KNAPE, W./Liebe, S.: Stolberg. Leipzig 1989
KOBUCH, M.: Thomas Müntzers Nachlaß. In: Archivmitteilungen 1/1990. Berlin 1990
LÜCKE, M.: Katalog der Leichenpredigtensammlung der Stadtkirche Sankt Martini in Stolberg/Harz. Beitr. zur Regional- und Landeskultur Sachsen-Anhalts. H. 3, 1966
MAGNUS, F.: Stolberg und Umgebung. Sangerhausen 1921
PFITZNER, E.: Tileman Platner oder die Reformation in der Grafschaft Stolberg. Stolberg 1883
PLATH-LANGHEINRICH, E.: Als Goethe nach Uetersen schrieb. Neumünster 1993
REIDEMEISTER, G.: Die Reidemeister als frühmittelalterliche Unternehmer in Nord- und Mitteldeutschland. In: Neue Hütte. Jg. 37, H. 4/92
SCHAUER, H.-H.: Fachwerkbauten in Sachsen-Anhalt. In Schauer u.a.: Fachwerkbauten in Mecklenburg-Vorpommern, Brandenburg... Berlin/München 1992
SCHAUER, H.-H.: Zum Alter der Fachwerkhäuser in Stolberg/Harz. 1994. Maschinenschr. Manuskript
SCHNABEL, J. G.: Insel Felsenburg. Stuttgart 1985; RUB Nr. 8419
Schnabeliana. Beiträge und Dokumente zu Johann Gottfried Schnabels Leben und Werk und zur Literaturgeschichte des frühen 18. Jahrhunderts. St. Ingbert. (erscheint in Fortsetzungen)
SCHUBERT, G.: Die Insel Felsenburg im 20. Jahrhundert. Eine kommentierte Bibliographie. In: Schnabeliana 5. Jahrbuch der Johann-Gottfried-Schnabel-Gesellschaft 1997-1999. St. Ingbert 1999
SEMSDORF, E.: St. Martini Stolberg/Harz. Passau 1996
STOLBERG, F. L. Graf zu: Über die Fülle des Herzens. Frühe Prosa. Stuttgart 1970; RUB Nr. 7901
THAL, J.: Sylva Hercynia. Frankfurt/M. 1588. Neuausg. Zentralantiquariat Leipzig 1977
THUNBERG, K. P.: Reisen in Afrika und Asien... während der Jahre 1772-1779. Berlin 1792
WEHR, G.: Thomas Müntzer. Hamburg 1989
WITTENBERG, F.: Johannes Andreas Auge aus Stolberg... In: Allgemeiner Harzkalender 1995. Clausthal-Zellerfeld 1994
ZEITFUCHS, J. A.: Stolbergische Kirchen- und Stadthistorie. Frankfurt/Leipzig 1717

Inhalt

Geschichtliches **4**
Mit Luthers Augen auf Stolberg **8**
Rathaus und Marktplatz **10**
Vom Marktplatz zur Neustadt **14**
    Am Markt 14
    Kaltes Tal 16
    Neustadt 18
    Reicher Winkel 19
    Töpfergasse 19
Die Rittergasse **22**
Stadtkirche St. Martini **30**
Die Marienkapelle **34**
Das Schloß **36**
Die Niedergasse **40**
Stolberger Köpfe **51**
Wege um Stolberg **58**
Umgebungskarte Stolberg **60/61**
Ausflüge in die Umgebung **65**
    Die Kirche von Schwenda **65**
    Zur Burgruine Hohnstein **66**
    Zur Heimkehle und nach Rottleberode **67**
    Zu Kyffhäuser und Königspfalz Tilleda **68**
Verkehrsverbindungen **70**
Fototips **71**
Hinweise und Empfehlungen **72**
Weiterführende Literatur **76**

In dieser Reihe lieferbar:

Marion Schmidt/Thorsten Schmidt
Wernigerode
Ein Führer durch die bunte Stadt am Harz
ISBN 3-928977-08-3 (DM 9.80 • Euro 5.00)

Kroker/Stöber/Titz-Matuszak
Goslar
Ein Führer durch die alte Stadt der Kaiser, Bürger und Bergleute
ISBN 3-928977-07-5 (DM 9.80 • Euro 5.00)

Roland Krawulsky
Wittenberg
Ein Führer durch die Lutherstadt
ISBN 3-928977-42-3 (DM 9.80 • Euro 5.00)

Bernhard Heinzelmann
Naumburg
Ein Führer durch die Domstadt
ISBN 3-928977-31-8 (DM 9.80 • Euro 5.00)

Hoffmann, Wolfgang
Quedlinburg
Ein Führer durch die Weltkulturerbe-Stadt
ISBN 3-928977-19-9 (DM 9.80 • Euro 5.00)

Marion Schmidt/Thorsten Schmidt
Harz
Ein Führer durch Deutschlands nördlichstes Mittelgebirge
ISBN 3-928977-51-2 (DM 9.80 • Euro 5.00)

Thorsten Schmidt/Jürgen Korsch
Der Brocken
Berg zwischen Natur und Technik
ISBN 3-928977-59-8 (DM 9.80 • Euro 5.00)

Hans Röper/Thorsten Schmidt
Mit Volldampf durch den Harz
Reisen mit den Harzer Schmalspurbahnen
ISBN 3-928977-60-1 (DM 9.80 • Euro 5.00)

In der Kleinen Touristen-Reihe lieferbar:

Groß/Herlitze/Schmidt
Der Harz
Ein praktischer Reiseführer
ISBN 3-928977-48-2 (DM 19.80 • Euro 10.80)

Günther Herlitze
Wandern im Harz
71 Wanderungen durch das nördlichste deutsche Mittelgebirge
Der offizielle Wanderführer des Harzklub e.V.
ISBN 3-928977-76-8 (DM 17.80 • Euro 9.80)

Loke/Ringel/Smolka/Metzner
Wo Könige und Dichter tafelten...
Der Reiseführer für Geist und Gaumen von Rügen bis zum Erzgebirge
ISBN 3-928977-61-X (DM 14.80 • Euro 7.60)

Wolfgang Hoffmann
Luther
Ein praktischer Reiseführer zu den bedeutendsten Wirkungsstätten
deutsch: 3-928977-33-4 (DM 14.80 • Euro 7.60)
engl.: 3-928977-41-5 (DM 14.80 • Euro 7.60)

Romanik in Mitteldeutschland
Schmuck-Kassette mit den nachfolgend aufgeführten 3 Romanik-Bänden
ISBN 3-928977-29-6 (DM 39.00 • Euro 21.00)

Marion Schmidt
Auf der Straße der Romanik
Der offizielle Kunstreiseführer entlang der Straße der Romanik in Sachsen-Anhalt
ISBN 3-928977-20-2 (DM 19.80 • Euro 10.80)

Thorsten Schmidt
Links und rechts der Straße der Romanik
Ein praktischer Reiseführer zu weiteren romanischen Baudenkmälern in Mitteldeutschland
ISBN 3-928977-24-5 (DM 16.80 • Euro 8.90)

Helga Neumann
Romanik in Sachsen-Anhalt und Niedersachsen
Eine geschichtliche Einführung
ISBN 3-928977-32-6 (DM 3.60 • Euro 1.90)

Die Euro-Preise gelten ab 1. Januar 2002

Schmidt-Buch-KARTOGRAPHIE

Wanderkarten:

Der Harz mit Kyffhäuser
Wander- und Freizeitkarte
Maßstab 1 : 50 000.; entstand in Zusammenarbeit mit dem Harzklub e.V.
ISBN 3-928977-49-0 (DM 10.80 • Euro 5.80)

Der Harz
Wintersportkarte
Maßstab 1 : 50 000
Hrsg. Harzer Loipenverbund e.V.
ISBN 3-928977-52-0 (DM 10.80 • Euro 5.80)

Karte-Reiseführer-Set:

KartoGuide Der Harz
Freizeitkarte Harz mit Kyffhäuser
Maßstab 1 : 50 000
Reiseführer
48 S., Br., Farbfotos
ISBN 3-928977-63-6 (DM 12.80 • Euro 6.80)

KartoGuide Der Winter-Harz
Hrsg. Harzer Loipenverbund e.V.
Wintersportkarte Der Harz
Maßstab 1 : 50 000
Loipenführer
30 S., Br., Farbfotos
ISBN 3-928977-82-2 (DM 12.80 • Euro 6.80)

Freizeitkarten:

Der Südharz
Maßstab 1 : 25 000
ISBN 3-928977-99-7 (DM 7.80 • Euro 4.00)

Der mittlere Harz
Maßstab 1 : 37 500
ISBN 3-928977-56-3 (DM 7.80 • Euro 4.00)

Der Oberharz
Maßstab 1 : 25 000
ISBN 3-928977-73-3 (DM 7.80 • Euro 4.00)

Der Hochharz
Maßstab 1 : 25 000
ISBN 3-928977-91-1 (DM 7.80 • Euro 4.00)

Das Brockengebiet
Panoramablick und Brockenuhr
Maßstab 1 : 30 000
ISBN 3-928977-62-8 (DM 7.80 • Euro 4.00)

Stadtpläne:
mit extra Cityplan und vielen Informationen
Wernigerode ISBN 3-928977-28-8
Goslar ISBN 3-928977-58-X
Quedlinburg ISBN 3-928977-57-1
jeweils DM 4.90 • Euro 2.60

Schmidt-Buch-BILDKALENDER

Mit Volldampf durchs Jahr
Harzer Schmalspurbahnen im Bild
Format 33 x 23cm; Wire-O-Bindung weiß
DM 13.80 • Euro 7.00

Die Straße der Romanik
... im Wandel der Jahreszeiten
Format 23 x 33 cm; Wire-O-Bindung weiß
DM 13.80 • Euro 7.00

Wernigerode
Bilder aus der bunten Stadt am Harz
Format 23 x 33 cm; Wire-O-Bindung weiß
DM 13.80 • Euro 7.00

Der Harz
Jahresbilder einer Kultur-Landschaft
Format 33 x 23cm; Wire-O-Bindung weiß
DM 13.80 • Euro 7.00

Die Euro-Preise gelten ab 1. Januar 2002

Aktuelle und ausführliche Informationen zu unserem Verlagsprogramm finden Sie auf unserer Homepage im Internet unter:

www.schmidt-buch-verlag.de